上海智库报告文库
SHANGHAI ZHIKU BAOGAO WENKU

以赛营城

大型体育赛事的综合效应

张盛 等 著

上海人民出版社

编审委员会

主　任：赵嘉鸣

副主任：权　衡　周亚明

委　员（以姓氏笔画为序）：

干春晖　王为松　叶　青　吕培明

刘元春　祁　彦　阮　青　李友梅

李安方　李岩松　张忠伟　陈东晓

陈志敏　陈殷华　顾　锋　顾红亮

梅　兵　曾　峻　温泽远

序

　　智力资源是一个国家、一个民族最宝贵的资源。建设中国特色新型智库，是以习近平同志为核心的党中央立足新时代党和国家事业发展全局，着眼为改革发展聚智聚力，作出的一项重大战略决策。党的十八大以来，习近平总书记多次就中国特色新型智库建设发表重要讲话、作出重要指示，强调要从推动科学决策、民主决策，推进国家治理体系和治理能力现代化、增强国家软实力的战略高度，把中国特色新型智库建设作为一项重大而紧迫的任务切实抓好。

　　上海是哲学社会科学研究的学术重镇，也是国内决策咨询研究力量最强的地区之一，智库建设一直走在全国前列。多年来，上海各类智库主动对接中央和市委决策需求，主动服务国家战略和上海发展，积极开展研究，理论创新、资政建言、舆论引导、社会服务、公共外交等方面功能稳步提升。当前，上海正在深入学习贯彻习近平总书记考察上海重要讲话精神，努力在推进中国式现代化中充分发挥龙头带动和示范引领作用。在这一过程中，新型智库发挥着不可替代的重要作用。市委、市政府对此高度重视，将新型智库建设作为学习贯彻习近平文化思想、加快建设习近平文化思想最佳实践地的骨干性工程重点推进。全市新型智库勇挑重担、知责尽责，紧紧围绕党中央赋予上海的重大使命、交办给上海的重大任务，紧紧围绕全市发展大局，不断强化问题导向和实践导向，持续推出有分量、有价值、有思想的智库研究成果，涌现出一批具有中国特色、时代特征、上海特点的新型智库建设品牌。

"上海智库报告文库"作为上海推进哲学社会科学创新体系建设的"五大文库"之一，是市社科规划办集全市社科理论力量，全力打造的新型智库旗舰品牌。文库采取"管理部门＋智库机构＋出版社"跨界合作的创新模式，围绕全球治理、国家战略、上海发展中的重大理论和现实问题，面向全市遴选具有较强理论说服力、实践指导力和决策参考价值的智库研究成果集中出版，推出一批代表上海新型智库研究水平的精品力作。通过文库的出版，以期鼓励引导广大专家学者不断提升研究的视野广度、理论深度、现实效度，营造积极向上的学术生态，更好发挥新型智库在推动党的创新理论落地生根、服务党和政府重大战略决策、巩固壮大主流思想舆论、构建更有效力的国际传播体系等方面的引领作用。

党的二十届三中全会吹响了以进一步全面深化改革推进中国式现代化的时代号角，也为中国特色新型智库建设打开了广阔的发展空间。希望上海新型智库高举党的文化旗帜，始终胸怀"国之大者""城之要者"，综合运用专业学科优势，深入开展调查研究，科学回答中国之问、世界之问、人民之问、时代之问，以更为丰沛的理论滋养、更为深邃的专业洞察、更为澎湃的精神动力，为上海加快建成具有世界影响力的社会主义现代化国际大都市，贡献更多智慧和力量。

中共上海市委常委、宣传部部长　赵嘉鸣

2025 年 4 月

目　录

前　言

　　加快推进全球著名体育城市建设，是上海贯彻新发展理念，构建新发展格局，加快建成具有世界影响力的社会主义现代化国际大都市的重要组成部分。体育赛事是全球著名体育城市建设的核心要素。近年来，上海在建设国际体育赛事之都的实践中深入贯彻习近平总书记考察上海重要讲话精神和习近平总书记提出的人民城市理念，将推动赛事发展与提升城市能级、核心竞争力和城市软实力紧密衔接，走出了一条以赛事为城市发展赋能、为市民幸福生活加码的高质量发展新路，为加快推进全球著名体育城市建设夯实了基础，积蓄了动能。

　　上海作为中国近代体育的发源地之一，历来是一座热爱运动、充满活力的城市，日益丰富的赛事滋养着城市的精气神。从数量偏少、主要依靠引进国际品牌赛事，到如今赛事数量与质量不断提高，上海赛事发展思路的拓宽、综合效应的显现以及自主品牌体系的形成，既凸显了城市的内涵与特质，也彰显了上海体育高质量发展的格局和视野。自 2015 年提出打造世界一流的国际体育赛事之都的目标以来，新时代的上海体育坚持向"新"而行，以赛营城成为推动城市体育高质量发展的重要路径，体育赛事在助推消费升级，引领健康生活方式和培育社会风尚的同时，成为塑造城市文化和提升城市形象的重要手段。近年来，集生态友好、人文美学和潮流时尚于一体的"三上"赛事拓展了上海打造国际体育赛事之都的实践空间，成为展示浦江两岸历史文脉和滨水魅力的生动载体，为构建以人民为中心的城市赛事体系增添了一抹抹的亮色。普通市民在水清滩净、鱼鸥翔集的"一江一河"中体验时尚运动，感受城市中的诗意安居，成为展现人与城市和谐共生的最佳素材。

北京冬奥会后，体育日益融入人们的日常生活，新兴休闲运动的大众化和产业化发展动力强劲。巴黎奥运会资格系列赛上海站的成功举办表明，都市体育富含社交、情感和认同等价值，是助力城市营销的重要场景，用体育为城市发展赋能，就要坚持以体造景、以赛聚人，不断释放赛事的综合效应。本书是2023年度上海市重点智库课题"以赛营城：重大体育事件的效应机制与实现策略"的研究成果，研究团队从跨学科的视角审视体育赛事与城市发展的多维关系，精心选取和剖析大型体育赛事助力城市发展的典型案例，系统梳理了上海赛事发展的历史脉络、基本现状、瓶颈问题和有效路径，并就大型体育赛事助力城市未来发展提出对策建议。

当前，上海依托重大体育赛事促进商旅文体展融合发展，为激发城市发展动能、推动城市更新和塑造城市精神注入了澎湃的动力。随着城市与赛事的深度融合进一步加速，加快构建以上海城市精神为魂脉的赛事体系，有助于更好地推动体育融入城市生产、生活和生态，打造宜业、宜居、宜乐、宜游的人民城市空间，向全球展现上海推进创新之城、人文之城和生态之城建设的日常图景。希望本书能从国内外以赛营城的实践探索中析取值得借鉴的经验和启示，为上海早日建成全球著名体育城市提供有益的洞见，助力上海以更加充沛的活力与生机向全球展现深化高水平改革开放、推动高质量发展的时代风貌。

第一章
大型体育赛事助力城市发展的理论与实践

　　体育是展示城市形象和打造城市品牌的重要媒介，尤其是大型体育赛事在提升城市发展能级方面具有显著的综合效应。上海作为全国经济中心城市和改革开放前沿阵地，是世界观察中国的一个重要窗口。举办大型体育赛事，有助于打造上海城市形象，讲述上海故事，传播中国声音，展示一个真实、立体、全面的中国。党的二十届三中全会通过的《中共中央关于进一步全面深化改革、推进中国式现代化的决定》提出，"加快构建中国话语和中国叙事体系，全面提升国际传播效能"。上海市第十二次党代会报告提出的建设目标包括城市软实力国际影响显著增强，国际传播能力全面提升，成为向世界展示中国理念、中国精神、中国道路的生动范例。

　　近年来，随着北京成为全球首座"双奥之城"，杭州、成都等地先后提出打造"赛事之城""世界赛事名城"等建设目标，体育赛事成为城市发展和品牌营销的新引擎。2015 年，上海出台《关于加快发展体育产业促进体育消费的实施意见》，明确提出了建设全球著名体育城市的目标。2020 年 10 月印发的《上海全球著名体育城市建设纲要》提出"三步走"的发展路径，确定"四梁八柱"的建设任务，积极谋划和推进国际体育赛事之都的系统打造。

第一节 大型体育赛事的综合效应探析

刘易斯·芒福德在《城市发展史：起源、演变和前景》一书中提出，奥林匹克运动恢复了城市的活力，并使城市间的联系更加紧密。自两千多年前奥林匹克运动会诞生至今，体育赛事已经完全融入现代城市市民的文化生活当中。由于大型体育赛事的举办对城市形象建构起到了积极的推动作用，国内外学者从不同的角度展开了对大型体育赛事的研究。国内学者将大型体育赛事定义为奥运会、世界大学生运动会等世界性大型综合性运动会和具有巨大影响的世界单项运动会以及一些知名的、高水平洲际性或地区性、全国性比赛。[1] 张林等在此基础上从运动竞赛、项目管理和特殊事件三个角度对该问题进行探讨，认为体育赛事指的是以体育竞技为主题，一次性或定期举行，且具有一定期限的集众性活动，尤其是奥运会、足球世界杯等赛事举办频率虽低，但举办此类赛事已成为全球著名体育城市

---

[1] 沈建华、肖锋：《大型体育赛事对城市形象的塑造》，《沈阳体育学院学报》2004 年第 6 期。

建设的标志。[1]西方学者对于大型体育赛事的定义较多，主要是从观众数量、对举办城市的影响、国际参与度等几个变量着手讨论。其中，埃默里（P. R. Emery）认为大型体育赛事要有 10000 名以上观众参与。[2]值得一提的是，莫里斯·罗奇（Maurice Roche）从"项目管理论"（Event Management）的研究角度，按照规模大小将体育赛事分为超大型赛事（Mega Event）、特殊赛事（Special Event）、标志性赛事（Hallmark Event）和社区赛事（Community Event）四类。[3]虽然对何为大型体育赛事的界定仍有不同层面的探讨空间，但随着时代的发展，逐步成为共识的是，大型体育赛事已经不仅仅是一项展示竞技体育水平的活动，更成为包含政治、经济、文化等多维因素的综合性活动。[4]赛事主体也由运动员与裁判员扩大到观众、媒体、赞助商、组织者，逐渐演变为多主体参与的综合性盛会，大型体育赛事的举办不仅能够推动举办地旅游业的发展、提升举办地知名度、改善城市形象，还能够对举办地的经济、社会、环境等诸多领域产生影响。在此，因篇幅所限，仅从城市经济、可持续发展、形象建构和治理四个方面展开对大型体育赛事综合效应的分析。

---

[1] 黄海燕、张林：《体育赛事的基本理论研究——论体育赛事的历史沿革、定义、分类及特征》，《武汉体育学院学报》2011 年第 2 期。

[2] P. R. Emery, "Bidding to host a major sports event: Strategic investment or complete lottery", *Sport in the city*, 2001.

[3] Roche M., *Mega-events and Modernity: Olympics and expos in the growth of global culture*, Routledge, 2000.

[4] 肖轶楠：《大型体育赛事运动员住宿服务管理研究——以北京奥运村为例》，《北京体育大学学报》2011 年第 7 期。

一、大型体育赛事对城市经济的影响

大多数研究都以实证数据表明，举办大型体育赛事能促进主办地的经济发展，如大型赛事能够直接带动体育产业和国民经济增长。[1][2] 但有研究指出，体育赛事对 GDP 的拉动是一个长期的过程，包括前期场馆基建、中期消费带动和后期形象提升带来的旅游和投资等。[3] 有学者指出，举办大型赛事城市的市场规模、政府财力、区位优势等是促进外国直接投资（FDI）的积极因素，[4] 大型体育赛事能够吸引 FDI 流入，尤其在赛后 FDI 可能迎来爆发性增长。[5] 此外，举办大型体育赛事有利于完善交通设施、公共设施、通信设施，[6] 同时刺激建筑、制造等行业的发展，带动本地的工业化水平不断提升。[7] 尤其在促进旅游产业增长方面，大型体育赛事可以起到"让一个城市成为旅游目的地"的作用，[8] 赛事的举办既可以刺激短期旅游需求，也可以提高地区知名度，持续培育长期的旅游需求。

但是也有部分学者认为，大型体育赛事对举办地经济的积极影响

[1] 喻坚：《2008 年北京奥运会对当代中国政治、经济、文化的综合效应》，《山东体育学院学报》2002 年第 3 期。
[2] Du Plessis S., Venter C., "The home team scores! A first assessment of the economic impact of World Cup 2010", *Working Papers*, No.21, 2010.
[3] 黄海燕、张林：《体育赛事经济影响的机理》，《上海体育学院学报》2009 年第 4 期。
[4] 潘春阳、廖捷：《为资本而赛跑？——城市马拉松赛事吸引 FDI 的实证研究》，《财经研究》2021 年第 2 期。
[5] 陈琳：《大型体育赛事对举办地企业投资的影响分析》，暨南大学硕士学位论文 2018 年。
[6] 张钧苗：《浅析 2022 年亚运会对杭州经济文化的影响》，《辽宁体育科技》2017 年第 1 期。
[7] 朱书琦：《大型体育赛事能否推动城市产业发展？》，浙江工商大学硕士学位论文 2018 年。
[8] 师博、任保平：《大型体育赛事助推城市高质量发展的效应研究——基于第 14 届全运会的分析》，《西安体育学院学报》2021 年第 2 期。

相对较小，甚至可能存在一些潜在的负面经济影响。罗伯特·巴德（Robert A. Baade）和维克多·马西森（Victor A. Matheson）（2016）[1]认为在大多数情况下，奥运会、世界杯对于主办城市来说是赔钱的。吕立和宋明伟（2014）[2]、周晓丽和马小明（2017）[3]指出，赛后设施利用率低造成资源浪费以及赛事场所的后续管理和维护成为政府的长期财政负担。东芬和刘兆征（2008）[4]指出，奥运会前后主办国经济波动显著，赛事结束之后需求急速缩减会造成经济下滑，并加剧区域经济发展和产业发展不平衡。玛尔法斯（Malfas）等（2004）研究发现，2000年悉尼奥运会期间，澳大利亚在建筑、通信、住宿和娱乐服务方面的产业产出达到顶峰，但在奥运会后一年恢复到申办前的水平。[5]据统计，自1960年以来的每届奥运会几乎都出现费用超支，道路、火车、地铁、机场等大型项目的成本从50亿到500亿美元不等。2024年巴黎奥运会的运营成本预算大约为39.64亿美元，2028年洛杉矶奥运会为53.25亿美元，2032年布里斯班奥运会为45亿美元（均不含基建等非奥运支出），"愈来愈昂贵"的奥运会成本超支问题主要由基础设施的重建、交通系统的改善等非奥运运营支出所导致。成本超支、奥运低谷效应与不确定的经济周期叠加成为每个申办地都不得不算的"经济账"。

---

［1］Baade R. A. and Matheson V. A., "Going for the gold: The economics of the Olympics", *Journal of Economic Perspectives*, Vol.30, No.2, 2016.

［2］吕立、宋明伟：《亚运会对广州城市发展的影响：基于城市居民的视角》，《成都体育学院学报》2014年第7期。

［3］周晓丽、马小明：《国际体育赛事对举办城市旅游经济影响实证分析》，《经济问题探索》2017年第9期。

［4］东芬、刘兆征：《奥运经济的负面影响及对策研究》，《经济问题》2008年第10期。

［5］Malfas M., Theodoraki E. and Houlihan B., "Impacts of the Olympic Games as mega-events", *Municipal Engineer*, Vol.157, No.3, 2004.

二、大型体育赛事对城市可持续发展的影响

作为内涵丰富的体育文化的表征，大型体育赛事具有显著的社会时空特征，能够吸引巨大的社会关注，形成非市场价值所能够衡量的影响，如改善举办地环境、促进社区团结等，但因为这些无形的收益没有市场价格，或者大多数消费者愿意支付的价格不足以支撑产品的供给，因此没有直接的方法来衡量它们的价值。[1] 闫二涛等（2017）认为，体育赛事的非市场价值包括体育赛事的政治、社会、文化等价值功效。其中，政治价值表现为体育赛事能够提升城市的政治影响力，维护社会治安的稳定；社会价值表现为体育赛事能够为城市居民奉献精彩的视觉盛宴，激发群众的体育参与兴趣，提升体育参与率；文化价值主要包含为举办城市留下丰富的物质财富，向人们展现竞争、拼搏、团结的竞技精神，丰富人们的精神文化生活，且高质量的体育赛事能够成为城市的名片，凸显城市文化特色。[2] 张婧（2023）认为，社会价值是奥运会等大型体育赛事广受欢迎的重要原因，在个人层面上体现为激发个人体育热情、提高个人体育参与度、改善个人生活境遇等，在社会层面上体现为创造民族团结感、增强社会凝聚力、塑造国家及城市形象、提升国家竞争力等。[3] 奥运会等代表着国际性舞台，主办城市可以在这个舞台上展示东道主的国家形象，并

［1］ S. Mourato, G. Atkinson, *Quantifying the "unquantifiable": Valuing the intangible Impacts of Hosting the Summer Olympic Games*, London, 2008.

［2］ 闫二涛、王鹏：《基于生态学的体育赛事价值增效路径研究》，《教育理论与实践》2017年第6期。

［3］ 张婧：《奥运会非市场价值及评估研究》，上海体育学院博士学位论文2023年。

与其他国家和地区建立紧密的联系。[1]

大型体育赛事也可能产生一些社会文化方面的负外部性，如由于举办不当对城市或国家形象的损害、基础设施建设等对环境的损害、国际关系恶化、犯罪现象激增等。[2]特别是对生态环境的影响受到较多关注，如在筹办期间，相关基础设施的建设和城市规划改造会无形中加剧环境压力；在赛事举办过程中，人口聚集将导致区域环境压力增大并产生垃圾排放和噪声污染等；在赛事举办后，资源过度开发对生态环境造成的压力存在滞后性等。

三、大型体育赛事对城市形象建构的影响

体育赛事的举办不仅为城市带来经济收益，也可以将城市生活中的重要元素进行传播，为主办城市提供城市品牌的传播主体、渠道和受众，是可供城市管理者开发利用的重大事件。[3]赛事营销作为一种能够聚合多元文化场域受众于同一传播场域，并有效实现与目标受众沟通的传播方式，受到了学界的普遍关注。一些国际顶级体育赛事，如世界杯、欧冠、温网、F1 等，具备显著的事件营销价值，能够广泛吸引大量媒体、企业和消费者的关注。[4]借助互联网信息技

---

[1] Rivenburgh N. and Giffani A., "News Agencies, National Images, and Global Media Events", *J&MC Quarterly*, Vol.77, No.1, 2000.

[2] Walton Harry, Longo Alberto and Dawson Peter, "A Contingent Valuation of the 2012 London Olympic Games: A Regional Perspective", *Journal of Sports Economics*, Vol.9, No.3, 2008.

[3] 纪宁:《体育赛事与城市品牌营销新时代》,《体育学刊》2008 年第 1 期。

[4] 胡佳澍、黄海燕:《运动项目产业发展潜力的特征、来源及显化动力》,《体育学刊》2021 年第 6 期。

术，围绕体育赛事展开的媒体报道、国际参赛者和观赛者的人际传播使得赛事传播力能渗透到世界的各个角落，形成较强的全球影响力。正因如此，国内外许多城市将举办国际体育赛事作为城市营销的重要引擎。[1]各地充分整合城市各类宣传资源，为体育赛事提供优质的宣传平台和曝光机会，让赛事成为备受关注的"眼球经济"，促进了城市形象的国际化推广。

当前，短视频、在线直播平台、社交平台等数字媒介和互动媒介与报刊、电视等传统媒体共同存在，赛事的传播渠道更为丰富，互动媒介正逐步取代以往的传统媒体主导传播渠道，传受关系发生了变化，虚拟技术带来全新的赛事体验，影响着互动媒介上的用户生成内容，传播内容变得更加丰富。[2]信息化时代，如何为大型体育赛事设计合情合理、行之有效的传播和营销策略，进一步放大赛事的综合效应，成为赛事组织者和城市管理者必须考虑的问题。

四、大型体育赛事对城市治理的影响

一座城市顺利举办大型体育赛事需要得到多方面的保障，包括稳定的政治环境、有力的经济保障、健全的体育设施、通畅的交通条件、先进的通信设备、良好的城市环境以及丰富的办赛经验等。[3]

[1] 李先雄、李艳翎：《国际化体育城市评价指标体系研究》，《武汉体育学院学报》2017年第7期。
[2] 刘畅、鲍海波：《大型虚拟体育赛事赋能城市品牌建设的机制与路径——基于整合营销传播视角》，《西安体育学院学报》2023年第4期。
[3] 王静：《重庆市大型体育赛事选择策略研究》，上海体育学院硕士学位论文2014年。

城市实力影响体育赛事需求、体育赛事选择、体育赛事能级结构、赛事举办的能力和赛事集群形成等。国际体育组织对体育赛事举办城市有着严格的要求，要求申办城市具备以下条件：申办政府的重视和支持（政府对赛事组织、宣传、安保、人员、场馆硬件、经费投入等方面的保障与支持）、经济条件（城市 GDP 及可支配人均收入等）、社会条件（社会氛围、治安等）、公共管理（国际交通及市内交通系统、酒店宾馆、外事公共服务等）、体育资源保障（场地场馆及配套设施、体育组织、体育文化、体育消费等）。举办体育赛事应契合城市发展特点，包括赛事的级别和规模要与城市规模和居民需求相契合，赛事类型与城市文化和城市地理特征应相符。[1]就实践而言，政府在大型体育赛事举办过程中起着主导作用，特别是大型赛事遗产的开发利用离不开公共权力作为保障，[2]以赛事遗产反哺城市发展则是赛事长期效应得以发挥的关键。

第二节　大型体育赛事赋能城市发展的实践案例

　　面向加快建成具有世界影响力的社会主义现代化国际大都市的目标任务，体育之于城市"软实力"和"硬实力"的特殊作用，需要充

---

[1]　姚颂平等：《国际体育大赛与国际化大城市发展之关系》，《上海体育学院学报》2004年第5期。

[2]　史维：《政府在大型赛事遗产开发利用中的作用研究》，上海体育学院硕士学位论文2014年。

分借鉴有益经验予以系统审视。本节聚焦北京、成都、杭州三个城市的实践，采用案例分析法，结合相关理论，研究其如何以举办大型体育赛事为契机，带动城市建设、树立城市品牌、维护城市形象、促进城市发展，探究其各具特色的"以赛营城"之路，为上海的创新实践提供经验启示。

一、2022 年北京冬奥会赋能城市发展的综合效应

2022 年 2 月至 3 月，备受瞩目的第 24 届冬季奥林匹克运动会和第 13 届冬季残疾人奥林匹克运动会（以下统称为"2022 北京冬奥"或"北京冬奥"）在中国北京市和河北省张家口市成功举行。从全球奥林匹克运动发展、中国国家现代化事业和北京城市发展三个层面看，2022 北京冬奥具有重要影响。依托丰厚的历史积淀、借助北京冬奥的重大赛事机遇，北京成为历史上首个"双奥之城"，在城市发展和城市品牌建设上取得突出成就，并为北京文化旅游业的发展带来了人气和商机。2022 北京冬奥无疑是探讨体育赛事赋能城市发展的重要案例。

（一）融合赋能：大型体育赛事和城市建设共融共生

1. 大型体育赛事促进城市更新

在 2022 北京冬奥的驱动下，北京市对首钢旧厂区（以下简称"首钢地区"）进行了改造利用。北京冬奥组委会发布的《北京 2022 年冬奥会和冬残奥会遗产案例报告（2022）》（以下简称《北京冬奥遗产案例报告》）指出，通过筹办北京冬奥，首钢地区成为首都城市

复兴地标。在空间资源创新上，通过服务北京冬奥筹办组织和赛事举办需要，经改造后释放 54 万平方米的空间。在产业布局优化上，在首钢地区构建形成北京市"长安街金轴城市织补创新工场区"和国际人才社区，不仅为创新研发、商务办公、运动乐活、品质休闲等城市发展需求开拓形成资源供给，而且为北京市布局人工智能、科幻、元宇宙等前沿产业提供了较充分的发展资源支持。通过科学规划实施，推动赛事承办和首钢地区复兴更新的融合，为 2022 北京冬奥部分运动项目顺利实施、赛后城市体育空间利用等树立了良好示范。

2. 大型体育赛事促进城市区域均衡发展

2022 北京冬奥在北京市行政区划内设有北京赛区和延庆赛区 2 个赛区，根据《北京冬奥遗产案例报告》，2022 北京冬奥筹办期也是北京市在延庆区建设"美丽延庆，冰雪夏都"城市品牌的重要时期，筹办冬奥赛事推动延庆区形成了"冬奥、世园、长城"三大金名片，即具体的城市品牌。在空间资源创新上，《北京冬奥遗产案例报告》指出，在延庆区布局并完成建设的国家高山滑雪中心"雪飞燕"、国家雪车雪橇中心"雪游龙"，不仅构成当地独具特色的体育景观，还为区域持续发展提供了助力。在产业布局优化方面，冬奥赛事和区域发展融合共生、协同共进的态势更加明显。从经济运行整体情况看，延庆地区生产总值由 2013 年的 106.2 亿元增至 2023 年的 224.1 亿元，实现翻倍增长。[1]

---

[1]《北京冬奥助推经济发展，"三大赛区"代表区域经济总量快速提升》，《新京报》2024 年 2 月 26 日。

3."赛事—资源—产业—品牌"实践路径生成

以赛事和城市融合发展为主导机制，以赛事和城市更新融合、赛事和城市区域均衡发展融合为具体支撑，北京冬奥有效推动城市构建生成"重大赛事驱动—支持资源创新—产业创新繁荣—城市品牌显现"的实践路径。

《北京冬奥遗产案例报告》显示，在2022北京冬奥驱动影响下，2015—2020年，我国冰雪产业总规模年均增长率近25%，呈现繁荣发展态势。就北京市而言，北京冬奥有力促进冰雪赛事表演、冰雪文化旅游等业态快速发展。根据北京市统计局数据，[1]2021—2022年雪季，北京市冰雪运动场馆共接待296.5万人次，实现收入5.3亿元，比2020—2021年雪季分别增长66.8%和69.9%。延庆区积极打造特色冰雪旅游品牌，自冬奥会申办成功以来，接待冰雪旅游和冰雪运动游客1100余万人次，实现旅游收入8亿余元。可见，北京冬奥在推动城市品牌建设的过程中，呈现为产业繁荣提供有力支撑的特点。

具体来看，北京市"重大赛事驱动—支持资源创新—产业创新繁荣—城市品牌显现"的实践路径，具有以下重要特征。一是依托重大国际赛事驱动，以可持续发展为指导原则推动城市更新，在"形"的维度上进一步丰富城市品牌空间符号，在"实"的维度上更好地转化为支持性资源供给。二是依托城市支持资源创新，实现北京冬奥长期带动城市产业创新发展的主要目标，有力推动城市品牌建设。城市更新及配套管理机制升级，也促进了城市空间支持资源的供给升级。正是基于支持资源的有力支撑，北京城市冰雪产业呈现良好发展态势，

---

[1]《重点区域加速协同　彰显示范引领效果》，北京市统计局网，2023年2月22日。

为城市品牌建设注入了产业发展内涵。

在文化体育旅游业态上，西部新首钢地区凭借厚实的体育基础设施，重点打造北京冬季奥林匹克公园，积极开发新型工业旅游，加快建设集专业体育竞技、时尚运动精品和高端服务业于一体的体育产业示范区。2022 年 4 月，位于北京赛区的国家游泳中心对公众开放，举办"面向大众、双奥朝阳、相约冰壶——冰立方冬奥文化大众体验季"，开放首日接待游客即达 3000 多人次。2022 年 5 月，延庆赛区面向公众开放，当地冬奥场馆重点服务该区建设国家全域旅游示范区和国际文化体育旅游休闲名区，推动"体育＋旅游"深度融合，围绕冰雪健康户外主题，挖掘培育冰雪运动 IP，打造冰雪主题、山地旅游融合、四季皆宜度假目的地。冰雪体育产业和旅游附加产业成为延庆构筑全域旅游城市品牌的主干力量。以民宿产业为例，截至"十四五"末，延庆区已打造精品民宿品牌 150 个、民宿小院 600 个。[1]

可见，北京冬奥既是贯彻国际奥委会推进奥林匹克运动变革的创新示范，又是以重大体育赛事推动城市发展和城市更新的生动本土实践。

（二）增值赋能：大型体育赛事和城市品牌建设互促共进

1. 城市产业经济增值赋能

北京冬奥推动了北京城市品牌建设的产业要素成长。根据《北京

---

[1]　北京奥运城市发展促进会：《北京 2022 年冬奥会和冬残奥会遗产报告（赛后）》，2023 年 2 月 24 日。

冬奥遗产案例报告》，北京冬奥有力推动北京科技创新高端产业发展、冰雪主题文体旅融合发展、高端服务业和会议会展业发展。以文体旅产业为例，北京市体育局指出，2022 北京冬奥对地区文体旅产业形成的积极效应，有力推动城市冰雪产业消费升级，延庆海陀滑雪旅游度假地入选首批 12 家国家级滑雪旅游度假地。在体育旅游精品项目评定中，朝阳区"感受冬奥冰雪游线路"、延庆区"最美冬奥城冰雪体验之旅"被评为体育旅游十佳精品线路，"北京延庆奥林匹克园区"被评为体育旅游十佳旅游目的地。[1]随着北京举办国际大型体育赛事的频次和规格的不断提高，文体旅产业的融合发展将大有可为，成为助力北京发展的新兴业态。

2. 城市人力资源增值赋能

根据《北京冬奥遗产案例报告》等资料，1.8 万赛会志愿者和 20 万城市志愿者不仅为北京冬奥成功举办作出重要贡献，并且有力带动城市志愿者队伍建设。"志愿北京"信息平台实名注册志愿者人数从 2015 年 7 月的 300 万人，增长到 2021 年 11 月的 448.9 万人，六年多的时间增长了近 150 万人，其中不少人还是"双奥"志愿者，构成北京"双奥之城"城市品牌的重要人力资源。可见，依托重大体育赛事培育的城市志愿者队伍，不仅是城市品牌建设的重要支持资源，更为城市后续举办大型会议、文体赛事等积累了宝贵遗产，也为文体旅产业发展保障队伍等服务体系的建设提供了充足的智力支持和人力资源。

---

[1]《北京市政协十四届一次会议第 0049 号党派提案的答复意见》，北京市人民政府网，2023 年 11 月 15 日。

3. 城市环境治理增值赋能

《北京冬奥遗产案例报告》披露，通过举办北京冬奥，北京市空气中细颗粒物（$PM_{2.5}$）平均浓度由 80.6 微克 / 立方米下降至 33 微克 / 立方米；北京市森林覆盖率由 41.6% 增长至 44.4%；污水处理率由87.9% 提高到 95%。根据国际奥委会披露，[1] 北京冬奥会所有场馆首次实现 100% 可再生能源供电，所有新建场馆都采用新的绿色建筑标准；通过实施造林项目碳补偿措施，2014 年以来，北京市森林绿地种植面积达 47333 公顷。这也为建设"美丽北京"、打造北京新形象、创造北京新名片开辟了方向，使北京的城市品牌更加立体和多元。

4. 城市数字化平台增值赋能

根据《北京冬奥遗产案例报告》，由北京冬奥组委会知识信息团队和国际奥委会知识管理工作团队合作研发推出的北京冬奥组委云端学习平台，不仅被誉为"北京 2022 筹办工作的基石"，而且面向社会和青少年群体，通过互联网途径，融入 AR、VR 等先进技术，推出 IKM（Information and Knowledge Management，信息与知识管理）平台。赛后，IKM 知识平台转化为"北京 2022 知识与数据电子博物馆"，在形成北京冬奥知识遗产的同时，持续推动北京冬奥理念、文化、经验推广并展示北京冬奥重要成果，为奥林匹克运动加上"北京"标识。由此可见，北京冬奥组委云端学习平台不仅对 2022 北京冬奥成功举办具有重要意义，而且借助开拓知识化、数字化疆界，为北京城市品牌建设注入新动力、构建数字化新平台，也为重大体育赛

---

[1]《赛场内外　创造历史——国际奥委会盛赞北京冬奥会》，北京市人民政府网，2022 年 2 月 24 日。

事和城市品牌建设实现良性互动提供了有益借鉴。

二、2023 年成都大运会助力城市营销的实践策略

　　成都大运会（以下简称"大运会"）是党的二十大胜利召开后我国举办的首个大型综合体育赛事和重要文化、体育、外事活动，是继北京冬奥会后中国承办的又一场世界级体育赛事，也是我国西部城市首次举办的世界性综合运动会，共吸引来自 113 个国家和地区的 6500 名运动员报名参赛。大运会承载着党中央、国务院的关怀与重托，是促进世界青年大学生交流融合的重要平台，也是成都建设世界赛事名城的重要一步。大运会要达成多元目标，只依赖传统的营销传播策略显然力所不逮，还需要运用适应复杂情况的整合营销传播策略。

（一）主体整合，协同化发力

　　在大型体育赛事的筹办过程中，城市品牌的塑造者、传播者是多元的，而政府、市民、企业作为城市的主要行为主体，通过集合发力和共同作用，使城市内外部公众的参与增多，好感增强，有助于形成以政府为主体、市民为基础、企业为依托的全民参与，并传达城市的独特个性和形象。[1]

　　大型体育赛事关乎一个城市经济社会发展的方方面面，涉及基础设施建设、资金筹措、人力资源调配、赛事推广营销和安全保障等，

---

[1]　王艳芳：《大型体育赛事对城市品牌的打造》，厦门大学硕士学位论文 2009 年。

政府作为城市的管理者，在赛事筹办中发挥统领作用。政府是城市品牌战略管理的设计者、主导者，代表着城市品牌形象的话语权威，拥有极强的动员能力和组织协调能力，其舆情管理和危机公关传播能有力保障城市品牌形象的维护和修复。同时，赛事的成功举办也可以为主办城市政府树立高效、勤政、廉洁的良好政府形象。城市居民是城市品牌形象建构的最小主体单位和最大行动者群体，通过参与赛事、配套文化活动和志愿者等获取赛事体验、反馈活动效果、产生城市认同，促进城市品牌传播。居民在城市品牌建构中扮演着多种角色，既是体育赛事活动的关键消费者，推动城市文化产品和服务的消费，又是体育赛事的多级传播者，在人际传播、群体传播、社交媒体传播中为城市品牌传播助力，同时也是城市体育文化活动的生产者，丰富城市文化品牌的层次和多样性。企业是大型体育赛事举办的支持者与动力之一，赛事所需费用采用市场化的运作模式，从社会筹集，[1]减轻了政府的财政压力，提高了体育赛事供给的效率和质量，丰富了供给渠道。赞助是体育赛事市场开发的重要手段，也是提升体育赛事品质、扩大赛事影响的重要组成部分。[2]通过企业的大力赞助支持，保证了赛事的正常筹备举办，而企业也通过赞助体育赛事提升了自身品牌知名度，扩大了企业的影响力。在大型体育赛事中，城市品牌和企业品牌共生互惠，企业在城市品牌塑造和推广中起到了名片的作用，也驱动了城市品牌的扩展和提升，在商业精神上阐释和丰富了城

---

[1]　王艳芳:《大型体育赛事对城市品牌的打造》，厦门大学硕士学位论文 2009 年。

[2]　段绪来:《以城市品牌为导向的体育赛事治理研究》，北京体育大学博士学位论文 2016 年。

市品牌的个性。[1]

　　居民是城市的核心与主体，是城市发展的目标，也是城市发展的归宿。大运会是成都的大事件，也是2100万成都市民的大事件。大运会筹办期间，环卫工人、建筑工人、电力工人、中小学生等都积极参与到"爱成都·迎大运"丰富多彩的活动中。2023年5月25日，成都市网络理政办发起"当好东道主、热情迎嘉宾、提质幸福城——你说·我说·大家说"大运建议征集活动，截至8月3日，市民共留言了几千条建议。为让大运会惠及市民，开幕式前，成都市委、市政府向全市常住市民免费上门派发了800万份"成都大运会盲盒"礼包。礼品共6套款式，含有致全体市民朋友的一封信、晴雨伞、轻便运动器材、纪念徽章、手绘大运赛事场馆地图、大运英语100句等礼物。市民收到礼包后纷纷在社交媒体平台晒出抽盲盒视频，花式改造礼包款式，在新浪微博、小红书、B站、腾讯视频等多个平台掀起大运会"显眼包"热潮。通过发放大运礼包，不仅增加了市民对大运会的关注度和参与度，扩大了大运会的品牌影响力，而且增强了市民对成都的认同感和支持度，为大运会的成功举办营造了良好的社会氛围和舆论环境。

（二）内容整合，立体化集成

　　赛事侧和城市侧是体育赛事传播内容的两个主要面向，前者涵盖赛事背景介绍、赛场状况、运动员表现、技战术分析、体育文化等，后者包括城市规划与发展、民生关注、文化特色与人文景观、经济与

---

[1] 王艳芳：《大型体育赛事对城市品牌的打造》，厦门大学硕士学位论文2009年。

产业发展等，在大运会"谋赛营城"的目标下各方面相互关联、相互补充，共同构成一个完整、立体的成都形象。

在赛事报道方面，为了给媒体提供丰富的报道线索，大运会执委会宣传部（开闭幕式部）建立了媒体内容池，累计采集项目信息、场馆图片视频、赛事运行等方面新闻线索 400 余条，赛时向大运会注册记者、非注册媒体机构记者动态提供通用素材、新闻线索、报道链接的浏览、下载、转发等服务 3 万余次，平台注册人数 2791 人，总访问量超 30000 次。

以赛为媒，通过将独具特色的成都文化标志用可视化、具象化的符号进行呈现，实现成都文化的传播和推广，将其贯穿在大运会的全过程。大熊猫芝麻化身吉祥物"蓉宝"在开幕式上蹦跳，大运村、主媒体中心、各个场馆被制作成徽章、玩偶、挂件带往全球各地，成为传播成都形象的得力猛将。太阳神鸟是古蜀金沙文化的重要象征，承载了古蜀人追求光明的渴望与决心，这个易被全球受众理解的情感符号在大运会主场馆屋顶"安家"，由 12540 块玻璃拼装的太阳神鸟拼图形如"银色飞碟"；大运会会徽、火炬、奖牌的设计糅合了太阳神鸟元素；开幕式上，太阳神鸟成为一个最耀眼的灯光装置。三星堆文化活态传播也被融入开幕式中，来自 3000 年前古蜀国的乐器金沙石磬在文体表演《青春之光》中被敲响，《青春筑梦》采用了三星堆出土的造型奇特、宏伟壮观的青铜纵目面具。蜀绣是中国四大名绣之一，开幕式上的引导牌以蜀绣工艺在蜀锦上绣制如意纹样，运动员进场所走过的地方都会透出彩色的丝线，延展成一条多彩的蜀绣，铺就成一条锦绣之路。

（三）媒介整合，多渠道融合

大型体育赛事天然"聚光"，能够吸引媒体的广泛关注。尤其是在深度媒介化的当代社会，这种关注不仅来自各级专业媒体机构的全方位报道，社交媒体上网民自发的捕捉和记录，还有境外媒体的联动，均给城市文化表达带来更多渠道和流量支持。

在成都大运会期间，主流媒体占领宣传主阵地，形成强大合力和舆论声势。《人民日报》、新华社、中央广播电视总台等中央媒体高密度全面发声引领主旋律，高位宣传大运会筹办情况，累计推出1万余条报道。《人民日报》在开幕式次日推出4个整版报道，新华社总社及四川分社推出《北京–深圳–成都：大运足迹印证中国步伐》等1000余条报道，央视总台在重要时间节点多个权威栏目持续推出直播、专访、专题等各类重磅报道近1000条。各省市自治区主流媒体组建大运会宣传专班，注重小切口讲好鲜活人物故事，结合自身不同属性和特点，持续策划推出《大运春团会　何以向世界》《大运会客厅》等短视频、图文报道等新闻产品，全面记录赛事筹办全过程。

社交媒体作为传播的另一核心阵地，与传统媒体相融合成为扩大赛事流量的接口，如"显眼包"的话题营销成为大运会成都城市品牌传播的突破口。在开幕式上，吉祥物"蓉宝"活力出镜，憨态可掬，卖力蹦跳频频跌倒，被网友戏谑为"显眼包"，该称号迅速得到广泛认同，并登上国内各大新媒体平台热搜榜，"开幕式熊猫好能蹦"词条在微博上收获超过154万次点击，"大运会开幕式显眼包"成为抖音最热门话题，收获上千万抖音热度，是开幕式传播效果最好的话题之一。大运会官方顺势对这一流行话语进行收编和意义再生产，以"谐音梗"的方式将"显眼包"与大运会纪念款背包和相关周边文创

产品相联系，积极鼓励网民发挥自主性和创造性，改造并晒出自己的
"显眼包"背包，带动网民对大运文创产品的关注和消费。在"显眼
包"的互动传播中，官方以主动"造梗"的方式促进迷因传播，而公
众以"刷梗"的方式参与话题讨论。在趣味性的传播互动中，官方摒
弃了自以为是的生硬说教，主动适应大学生所属文化圈的思维习惯、
文化传统和语言表达方式，巧妙实现"破圈"传播。

　　拓展海外传播矩阵，推动国际国内平台共振。首先，聚合成都本
地外宣媒体资源。成都作为"国际表达力领军城市"，拥有一个英文
网站（GoChengdu）、一本中英文杂志（《HELLO Chengdu》）、一个外
语视频专栏（Chengdu Plus）、一个国际频道（红星新闻"一带一路"
频道）、一个智库（每日经济新闻智库）以及一批海外社交账号（如
YouTube 账号"Chengdu Plus"，Instagram 账号"hellochengdu"等）。
这些外宣媒体在运维大运通 App、大运频道和大运会英文官网的过
程中，以连续、稳定、丰富的作品展示赛事和城市的各个方面。截
至 2023 年 8 月，大运会官网注册用户超过 192 万，海外社交媒体的
粉丝总数超过 115 万，其中包括 50 个国家和地区的大学生体育协会、
96 个国际体育组织和高校、29 个代表团官员、25 个成都国际友城、
41 个省级和市级官方账号。其次，对接国际主流媒体，促进中外文
化交流。成都外宣媒体通过《洛杉矶时报》、法新社、日本共同社等
境外媒体和 YouTube 等海外社交平台，围绕"蓉宝"和大熊猫的渊
源、成都美食、巴蜀文化等话题推出各类报道；在美国 CNBC、英国
SKY 电视台和纽约、伦敦、东京等世界主要城市中心投放大运会宣
传视频。此外，成都外宣媒体还积极与国际体育组织进行话题联动，
如通过大运会海外社团账号与 100 多个代表团相关账号积极互动。

（四）营销整合，多手段集聚

为了达到"谋赛营城"的最大传播效能，赛事主办城市通常会尽可能地整合新闻宣传、广告、促销、直接营销、公共关系等多种营销传播工具向受众传达信息，信息可以有差异、有侧重，但总体上"用一个声音说话"，传播鲜明的城市品牌形象。

在广告宣传方面，大运会的系列宣传片对成都的城市品牌传播起到了很大作用，在社交媒体、视频网站上多次引起讨论热潮。在大运会筹办的各个重要时间节点，成都发布了不同主题的宣传片，仅 2023 年就创作了 24 个创意短视频。2023 年 3 月的春团会发布了《在成都，遇见春天》，"五四"青年节推出《弹幕祝福每一个青春》，赛前一个月打造了《成都动起来，世界看过来》……其中，《成都无边界》于 2023 年 5 月由《人民日报》官方微博推出，当日登上新浪微博热搜第三，截至 2023 年 6 月 5 日 12 时，全网播放量突破 2 亿。

大运会的公共关系活动极为丰富，主要有以下几种：第一，开展多边外事活动，促进国际合作与交流。开幕式当天，国家主席习近平和夫人彭丽媛举行宴会，欢迎出席开幕式的国际贵宾，并举行了系列外事活动。第二，主动发布掌握话语权，提升赛事城市形象塑造力。赛事期间大运会执委会开展了"一日一主题"新闻发布活动，围绕开闭幕式、赛时运行、服务保障等主题共召开 19 场新闻发布会，各级各类媒体刊（播）发原创稿件超 1700 余篇，累计点击阅读量超 2 亿人次。第三，开展集中采访，策划重点新闻报道。围绕春团会、倒计时 100 天、主媒体中心试运行、大运村开村等重大活动和重要事件，组织各级各类媒体开展集中采访活动超 100 次，策划标题金句实现广泛传播，推出《共享大运盛会　共赴青春之约》等重点报道上万条。第四，专访重要人士，推出系列专题报道。央视《焦点访谈》《新闻1+1》《高端访谈》等先后与国际大体联、执委会相关负责人，围绕"成都大运会对中国和世界的重大意义"等主题开展深度访谈报道。

策划各式特色主题活动，吸引多元主体参与大运会，开展体验式营销。线下的场景化体验和具身性感受往往更能使人体味成都。2023年3月的春团会，大运会执委会组织策划玉林街道300余名市民采用传统钩织工艺织就大运花束送给远道而来的客人，孩子们将中国传统水墨画"搬"上风筝，展现成都的春日图景。"鸿雁传书"作为中国人骨子里最浪漫的情感表达形式之一，在大运会期间也以一种真挚的方式缔结着成都与世界的友谊。石室中学的孩子们化身美食美景推荐官，写了3000多封中英文手写信送给来自世界各地的媒体朋友，收到信的记者们有的把信件分享在社交媒体，有的写成文章故事加以纪念。来自非洲的记者迪亚康达·赛内通过执委会联系到给她写信的男孩叶子涵当面表达感谢，她说："我们应该提醒人们，不要忘记人类的彼此接触。"[1]借由书信增进与世界友人的互动，展现热情友好的城市形象，成为此次大运会的一大亮点。

三、2023年杭州亚运会服务城市发展的多元路径

自2015年成功申办亚运会以来，杭州成为继1990年北京和

---

[1]《成都大运会 | 一封陌生孩子的来信，让记者动情》，光明网，2023年8月9日。

2010 年广州之后第三个举办亚运会的中国城市。杭州致力于实现从"浙江的杭州、中国的杭州"到"亚洲的杭州、世界的杭州"的跨越，因此紧抓亚运会办赛契机，建立"世界一流的标准，世界一流的业绩，世界一流的胸襟和气魄，世界一流的现代化国际大都市"。[1]杭州从筹备亚运会开始，就提出要着眼"后亚运"时代，充分利用和发挥亚运会留下的办赛经验和各项资源，持续放大亚运综合效益。从筹备到举办亚运会的八年间，杭州的基础设施更加坚实，城市治理水平得到大幅度提高，"人人爱运动"理念深入人心，城市宜居环境直线提升，为其他城市提供了大型体育赛事服务城市发展的样本。

（一）赛事重构城市空间：从"西湖时代"到"钱江时代"

1. 赛事发展驱动，优化城市设施空间布局

大型体育赛事对城市发展的推动作用显而易见，在不同程度上影响当地的城市布局，促使产业结构、人口、公共设施等城市空间结构发生调整，对城市发展影响深远。杭州亚运会加速推动城市现代化和国际化进程，对城市空间布局产生深刻影响，助推杭州从"西湖时代"向"钱江时代"的战略转型，发达的交通路网串联起一个个城市分中心。

新中国成立后，杭州的城市布局以西湖为核心，由旧城向外扩张，[2]逐渐从西湖向西南延伸至钱塘江沿岸，形成背江（钱塘江）面

---

[1]《从珍藏 G20 美好记忆开始 杭州国际日深意何在》，央广网，2018 年 9 月 7 日。
[2]《杭州市城市总体规划（1951—1957 年）》，杭州市政府网，2019 年 10 月 24 日。

湖（西湖）的城市风貌。[1]改革开放之后，杭州调整和修改旧有城市规划，确定开辟钱塘江沿岸的发展路线，开启"拥江时代"的序曲。[2]20世纪90年代，杭州进一步优化城市定位，强化"拥江时代"的发展规划，形成以钱塘江为轴心，以快速路网为支撑的跨江、沿江发展的新格局。[3]21世纪之后，杭州的"拥江时代"进入发展新阶段。成功申办亚运会后，杭州将亚运会的建设和规划纳入未来城市发展整体规划。2017年，杭州市明确抢抓"后峰会、前亚运"战略机遇，着力推进城市建设中心从"西湖时代"向"钱江时代"转移。[4]在"拥江发展"战略指导下，杭州亚运会基础设施的选择、兴建、维护等促进了城市东扩和拥江而建的格局，如杭州设立的42个竞赛场馆自西向东次第沿江排开，初步实现总体规划所设定的空间发展战略。通过完善"多中心、网络化、组团式、生态型"的城市框架，优化发展空间和功能布局，实现"跨江发展"向"拥江发展"的大跨越。

2. 亚运强势引领，提升城市设施民生服务

杭州便捷的公共交通网络促进"拥江时代"全域体育产业发展，为后续发展提供交通保障。杭州以举办亚运会为契机修建的城市公共交通网络，成为连接各亚运场馆、贯通全市的交通生命线。2018年，杭州"拥江发展"战略规划发布，依托钱塘江打造世界级滨水交

---

[1]《杭州市城市总体规划（1958—1973年）》，杭州市政府网，2019年10月24日。
[2]《杭州市城市总体规划（1978—2000年）》，杭州市政府网，2019年10月24日。
[3]《杭州市城市总体规划（1996—2010年）》，杭州市政府网，2019年10月24日。
[4]《杭州市人民政府关于实施"拥江发展"战略的意见》，杭州市政府网，2017年12月15日。

通轴，连接中心城区和县区，进一步带动城市带、产业带、文化带、景观带、生态带的发展。[1] 2021 年发布的《杭州市综合交通发展"十四五"规划》显示，杭州要紧抓"亚运会、大都市、现代化"重要窗口期，以成为国际性综合交通枢纽城市为目标，打造涵盖航空、轨道、道路、水运等交通基础设施的综合立体交通网络。[2] 2023 年 2 月，《杭州加快打造国际性综合交通枢纽城市实施方案》指出，到 2027 年，将打造人民满意交通杭州样板，基本实现杭州都市区 1 小时通勤、杭州至长三角主要城市 2 小时通达、杭州至全国主要城市 3 小时覆盖的交通强国示范城市。[3]

杭州在亚运会申办成功之后，结合城市发展规划制定了"一核引领，两带联动，九区协同，多维辐射"的全域立体体育产业发展空间新格局，建立以上城区、拱墅区、西湖区、滨江区等区域为核心的都市运动休闲区，对全市体育产业发展起着关键性的引领作用。同时，以"钱塘江-富春江-新安江"连通的三江水系和良渚文化带、京杭大运河文化带为纽带，整合"三江两岸"的特色休闲体育资源，充分利用周边的旅游交通条件及体育服务配套设施基础，积极开发和创新各类休闲体育产品和服务。结合"旅游西进"战略，建设以余杭区、临平区、富阳区、临安区、桐庐县、淳安县、建德市相串联的户外运动区域带。[4] 计划于 2026 年建成的钱塘高铁新城是实现"拥江时

[1]《杭州"拥江发展"交通规划蓝图出炉》，杭州市政府网，2018 年 8 月 6 日。
[2]《杭州市综合交通发展"十四五"规划》，杭州市政府网，2021 年 6 月 8 日。
[3]《杭州全力打造国际性综合交通枢纽城市》，杭州市政府网，2023 年 2 月 6 日。
[4]《杭州市体育局关于印发杭州市"十四五"体育发展规划的通知》，杭州市政府网，2021 年 8 月 20 日。

代"的核心，是杭州大都市建设的战略要地，也是杭州和钱塘"一带两城"发展中的重要引擎。在杭州"东飞西进"格局中，钱塘高铁新城中心的钱塘高铁站是杭州五个铁路枢纽之一，成为杭州向东的延伸线，有助于完善城市交通。杭州多维度的立体交通路网不仅为体育赛事服务，也切实服务于市民日常生活。

综上所述，杭州一方面顺应赛事的需求，优化全市体育设施布局，以钱塘江为纽带连接重要场馆，实现"钱江时代"的设计宏图；另一方面借力亚运会，加速城市沿江地区基础设施"民生补短"，重大项目"落子生长"，全面提升城市能级品质和民生福祉。[1]借力亚运会，杭州市建设了多项交通工程，极大地提升了城市的内外联通能力，为市民生活赋能。便捷的交通不仅服务于体育项目和产业的发展，也为体育的后续开发提供了动力。

（二）"以人为本"的数字体育经济：杭州经济发展新亮点

1. 厚植数字经济基础，打造杭州城市新名片

杭州亚运会开、闭幕式上的"数字人"成为本届赛事的亮点，亚运会背后的数字经济吸引了全球目光。近几年，数字经济已经成为杭州城市的新名片。2003 年，杭州成为全国率先布局数字经济的城市；2018 年，杭州作出全面推进数字产业化、产业数字化和城市数字化协同融合发展的战略部署，正式开始"打造全国数字经济第一城"，明确杭州数字经济产业在深化发展阶段的产业招引发力方向等；2022 年，杭州市数字经济核心产业增加值首次突破 5000 亿元，占 GDP 比

---

[1]《建一流亚运场馆　打造拥江发展新地标》，杭州市政府网，2018 年 6 月 25 日。

重 27.1%。[1] 成功申办亚运会后，杭州坚持"以人为本"，致力于打造数字经济和技术创新策源地、数字产业和人才高地、数字经济政策和制度先行地、数字资源配置和开放合作战略枢纽。[2]

杭州亚运会坚持从人的体验感出发，首次实现"云上亚运"的数字技术。为了高效、快速地实现亚运会数码化进程，解决人员、设备、场地、竞赛管理等极为复杂的问题，实现便捷化管理，从赛前的"AI 许昕"分身、智慧公交，到赛中的电子身份注册卡、机器狗搬运铁饼、导游＋清洁工机器人、AI 裁判、无人冰淇淋车等数字元素，再到启用智能操作平台"智慧大脑"管理亚运村，数字技术为杭州市民和入驻亚运村的人群提供了更加便捷的用户体验，让杭州"智能"亚运提供的人性化服务深入人心。

2. 激发数字产业效能，提升城市治理水平

"智能"亚运覆盖从场馆管理到日常生活的方方面面。在数字化治理方面，钉钉在 2019 年推出的一体化智能办赛平台"亚运钉"，为亚组委提供线上会议、行政审批、测试赛演练等一系列协同工作，使组织架构内的工作人员可以快速定位相关人员，从而及时高效地解决跨地区、跨部门、跨层级的问题；在城市生活方面，支付宝推出数字观赛服务平台"智能亚运一站通"，打通各类亚运场景，提供多种城市服务，覆盖购票、出行、住宿、观赛、旅游等 28 项服务。[3] 显而

---

[1]《杭州"打好经济翻身仗"，是依靠数字经济还是补制造业短板？》，《中国经济周刊》2023 年 9 月 28 日。

[2]《实施八大攻坚行动　杭州数字经济再起新潮》，杭州市政府网，2023 年 5 月 7 日。

[3]《潮起钱塘江，澎湃亚细亚——写在第 19 届亚运会开幕之际》，新华社，2023 年 9 月 23 日。

易见，这些数字科技，最终都体现了"以人为本"的理念，关注人的使用感受，具有普惠性。

亚运会上展示的智能协同管理体系表明，"以人为本"的数字发展模式适用于智慧城市管理，能够提升城市治理水平。亚运会期间的可感知运动场景、数据化运动数据、视频化运动展示和情景化运动社交表明，杭州承办赛事的设施、管理和服务等水平已经达到国际一流标准。亚运会后，杭州还将在建设"数字+"、数字产业化方面继续发力，让数字体育在赛场内外发挥更大效用，从而形成以数字技术为核心，串联多个产业和行业的系统化经济合作模式。尤其是不少杭州本地深度参与"智慧亚运"的科技企业将带动数字产业的整体发展，为杭州的数字化发展赋能，成为杭州提升数字经济对外辐射力、影响力的良好渠道，在后亚运时期为城市治理赋能，最终形成经济发展和社会治理的良性循环。杭州凭借自身卓越的数字经济实力，已经将城市数字治理指数提升至全国第一，而"一网通管"的数字城市治理模式将是未来中国式现代化城市治理的最佳选择。

（三）和谐共生的人与自然：杭州的绿色发展之道

杭州亚运会上的绿色发展和可持续发展符合杭州和中国的绿色发展道路。中国文化历来重视人与自然的和谐发展，亚运会为现代化、城市化、科技化语境下人与自然的相处之道提供了新的思路。亚运会中使用的绿色技术将进一步促进城市能源升级换代，形成环境友好型城市发展模式。

1. 融入国家发展规划，践行绿色发展道路

党的十八大以来，中国坚定不移走生态优先、绿色发展之路，促

进经济社会发展的全面绿色转型，致力于建设人与自然和谐共生的现代化国家。在国民环保意识日益增强的当下，无论是产业转型，还是市民生活，都将绿色发展贯彻其中。[1] 作为"绿水青山就是金山银山"理念的发源地，浙江一直重视绿色发展道路，2019 年建成全国首个生态省。

作为浙江省的领头城市，杭州在"十四五"规划纲要中将生态文明建设作为城市未来发展的首要任务，明确要以全域大花园建设拓宽绿水青山和金山银山之间的转化通道，优化城乡人居环境，高水平打造现代版"富春山居图"。在打造绿色生态过程中，将"湿地水城"和"低碳之城"作为新时代杭州的鲜明特色，大力建设千岛湖、新安江、富春江、钱塘江、苕溪、大运河等重要水系生态环境，从而实现杭州"一核九星、双网融合、三江绿楔"的新型特大城市空间格局。

2. 低碳措施贯穿亚运，普及绿色发展理念

杭州的绿色发展理念为实施"绿色亚运"打下坚实基础，成为本次亚运会的鲜明标识。绿色亚运的精神内涵，就是把绿色、低碳和可持续理念贯穿亚运会筹办的全过程和各环节。在"绿色、智能、节俭、文明"办赛理念的指导下，杭州亚组委打造首届碳中和亚运会，在城市环境建设、场馆准备和能源运用及可持续发展方面采取了诸多措施。

亚运会开赛前，杭州聚焦民生实践，及时开展"匠心提质绣杭城"的老旧小区改造、美丽乡村建设等工程。围绕"共植亚运林，扮靓一座城"的目标，杭州组织公众参与生物多样性保护和提升活动，

---

[1]《新时代的中国绿色发展》，新华社，2023 年 1 月 19 日。

提升城市绿化面积。例如，通过组织"互联网＋全民义务植树"、全民共建亚运林等活动，科普碳中和、碳普惠、林业碳汇知识等内容，鼓励更多人群参与绿色低碳运动，为绿色亚运助力。此外，在场馆准备和能源使用方面，杭州本着实现"零碳亚运"原则，将亚运场馆建设全生命周期纳入监管，从规划到设计再到建设，均提出绿色建造目标与路径，推动城市使用绿色能源。

3. 绿色办赛树立标杆，引领绿色发展潮流

杭州亚运会在城市绿色发展方面作出表率，其绿色办赛模式和技术一方面惠及公众，另一方面为其他赛事、国际性活动树立了环保典范。亚运会前后建成和改造的体育设施及绿色环境有效惠及民生，大幅度提升城市宜居程度，让民众能够享受"后亚运"福利。为迎接亚运会，杭州开展"五水共治"工程，不断提高城市河道水质，同时增加城市湿地面积和扩绿行动。传统工业区萧山区整治大气环境；临安区进行山体生态修复景观工程，恢复青山绿水；富阳推进北支江北岸综合治理工程，在提高水质之余塑造滨水景观。在"绿色亚运"理念推动下，杭州累计建成环湖、沿山、沿江、沿路、沿河、湿地、公园、乡村绿地共8种类型绿道，实现了全市绿道网络互通。[1] 这些提升城市和乡村环境的举措将"人"的健康和安全置于改造工程的中心，极大地改善了城乡居民的生活质量，增加了人们的舒适感。

亚运会传递的不仅仅是"绿色"的技术，还有"以人为本"的城市治理观念以及人与自然和谐共生的理念。杭州亚运会的理念引领社会潮流，让绿色、节能、环保的方式成为未来城市发展的追求。国

---

[1]《绿色亚运让生活更美好》，人民网，2023年9月18日。

际奥委会主席巴赫认为，杭州亚运会"为亚运会的可持续发展树立了新标杆，包括碳排放、零废弃物排放政策等"。[1]杭州亚运会的绿色理念成为推动城市绿色发展、提升城市品质、开发城市资源的重要引擎。

第三节　大型体育赛事助力上海城市发展的现实意义

当前，新一轮科技革命和产业变革正在重塑城市发展形态，国内各大城市围绕核心节点城市的争夺进一步加剧，对商旅文体的多维度开发日益深化。北京等城市以举办大型体育赛事为契机加快提升城市发展能级，加速迈进全球著名体育城市竞争赛道。在此背景下，上海如何加快推进全球著名体育城市建设，进一步为城市未来发展赢得更强的竞争力？对这一问题，需立足当下，面向未来，给出新的答案。

党的二十届三中全会通过的《中共中央关于进一步全面深化改革、推进中国式现代化的决定》提出，必须以新发展理念引领改革，立足新发展阶段，深化供给侧结构性改革，完善推动高质量发展激励约束机制，塑造发展新动能新优势。当前，上海面临着国家赋予更大使命、开展先行先试的新机遇。推动大型体育赛事与城市发展双向赋能，对于建成具有世界影响力的社会主义现代化国际大都市和充分体

---

[1]《杭州亚运会将在多方面树立新标杆——专访国际奥委会主席巴赫》，光明网，2023年9月28日。

现中国特色、时代特征、上海特点的人民城市，具有重要意义。回答好大型体育赛事如何助力上海城市发展的问题，必须坚持以人民为中心，推进守正创新，强化系统思维，从以下几个维度进行审题和破局。

一、贯彻新发展理念和构建新发展格局的题中应有之义

大力发展体育事业，加快推进全球著名体育城市建设，是上海贯彻新发展理念，构建新发展格局，加快建成具有世界影响力的社会主义现代化国际大都市的重要组成部分。近年来，上海在建设国际体育赛事之都的实践中深入学习贯彻习近平新时代中国特色社会主义思想和习近平总书记考察上海重要讲话精神，以新发展理念构建赛事新发展格局，走出一条体育为城市发展赋能，为市民幸福加码的高质量发展新路，为上海推进体育可持续发展提供了启示。

从上海体育的发展轨迹和近年来的求索之道看，未来赛事高质量发展的新动能源于创新之力。上海作为中国近代体育的发源地之一，历来是一座热爱运动、充满活力的城市，新时代上海体育向"新"而行，需要以创新激发高质量发展的澎湃动能。上海以体育法治化和标准化体系建设为重点加强顶层设计，为进一步拓展上海城市赛事发展格局奠定了制度基础。以"赛事认定—赛事评估—赛事扶持"为手段，以体育赛事监管和赛事管理数字化平台建设为支撑的"1+1+3+2"体育赛事管理创新体系表明，上海体育不仅持续追求"质"的提升，而且坚持以制度创新赋予"质"以新的内涵，有效助力了城市发展能级提升。

从践行人民城市理念、回应人民群众新期待的角度看，未来赛事高质量发展的新跨越蕴含着向新之势。在上海成功举办奥运会资格系列赛之后，体育对城市发展的综合效应，对市民美好生活的多元价值，应在更深层次得到挖掘。当前，上海依托重大体育赛事促进商旅文体融合发展，已成为推动城市更新提质、赋能发展增效的重要途径，尤其是随着办赛理念逐步由精英竞技转向大众参与，从传统的单项赛事向新型综合赛事转变，城市与赛事的深度融合将进一步加速，充分展现了大型体育赛事促进城市生产、生活和生态日益向新的综合效应。近年来，市民健身休闲的活跃身影已成为"一江一河"沿线的亮丽景观，体育赛事的跨越式发展向全球展现上海推进创新之城、人文之城和生态之城建设的日常图景，体育日益成为弘扬社会主义核心价值观和上海城市精神的软实力平台。

二、提升城市可持续发展能力和核心竞争力的内在要求

回溯全球奥运城市的创新实践可以发现，奥运会在推动城市可持续发展方面发挥了重要引领作用。伦敦奥运会不仅显示了强大的经济效应，而且加速了斯特拉福特地区的城市改造，使老工业区蜕变为宜居宜业的新城。巴西里约利用奥运场馆建设带动城市发展，推动城市交通和市政基础设施更新，促进了区域的协同发展和城市空间的重构。东京奥运会以建设高效而立体的交通网络为突破口，加强都市圈的空间连接，提升了城市的多层韧性。巴黎奥运会被国际奥委会主席巴赫誉为"新时代的奥运会"，巴黎奥组委将创新和可持续发展置于价值优先序列，推出的多项举措都致力于让赛事拥抱城市自然风光，

用体育赛事连接城市的教育、创新和文化。

综观全球城市发展，伦敦、纽约、洛杉矶、巴黎、东京等具有显著全球竞争力和影响力的国际大都市同时也是全球著名体育城市，都将赛事与城市建设深度融合，不断提升城市知名度和美誉度。近年来，上海将推动赛事发展与提升城市能级、核心竞争力和城市软实力紧密衔接，但对标这些世界级标杆城市，上海仍有较大的提升空间，迫切需要通过体育赛事提升包括经济生产力、市民健康力、社会亲和力、文化传播力和国际影响力在内的核心竞争力，这不仅是城市可持续发展的需要，也是上海建设"五个中心"的内在要求。从全球著名体育城市的演变来看，未来赛事高质量发展的新赛道孕育着格局之变，对上海提出了新的挑战。经过数年耕耘，上海已从过去数量偏少、主要依靠引进国际品牌赛事，到如今构建起彰显上海城市内涵与特质的品牌赛事，"3+3+3+X"上海自主品牌赛事发展框架的形成，尤其是"三上"品牌的打造，显示了上海在迈向全球著名体育城市进程中不断开阔的国际视野和系统思维，展现了不断对标国际赛事名城和全球著名体育城市，服务城市核心竞争力提升的不懈追求。面向未来，将可持续理念贯穿于赛事策划、筹办和管理的全过程，将城市看作一个有机体，坚持以赛造景、以赛聚人，努力实现体育赛事与城市治理的良性循环，将进一步推动体育赛事成为城市居民宜居宜乐的活力之源。

三、服务长三角一体化高质量发展的必然之举

长三角是我国经济发展最活跃、开放程度最高、创新能力最强的

区域之一，在国家现代化建设全局和全方位开放格局中具有举足轻重的战略地位。实施长三角一体化发展战略，是引领全国高质量发展、完善我国改革开放空间布局、打造我国发展强劲活跃增长极的重大战略举措。上海作为具有全球影响力的长三角世界级城市群的核心引领城市，必须在各个领域立足改革开放前沿，集聚辐射优势，引领长三角高质量一体化发展，努力成为社会主义现代化国家建设的重要窗口。

当前，打造区域竞争优势成为各地区经济发展战略的新趋势。提升区域产业核心竞争力，亦应成为长三角地区体育竞赛表演业参与全球化竞争的战略选择。[1]《上海全球著名体育城市建设纲要》明确提出，未来将"充分发挥长三角三省一市各自比较优势，共同申办举办顶级国际综合性赛事和国际单项赛事"。《长三角地区体育一体化高质量发展的若干意见》《长三角地区体育产业一体化发展规划（2021—2025年）》等均提出了体育赛事一体化的相关要求。举办顶级体育赛事能增强核心城市辐射带动作用，进一步巩固和提升上海在长三角一体化发展中的龙头地位，促进各类体育要素在更大范围内畅通流动，推动长三角一体化发展取得新的突破。

上海是中国的上海，也是世界的上海。当前，全球治理体系正在发生深刻变革，国际力量对比正在发生近代以来最具革命性的变化。世界经济重心逐渐向亚太地区转移，中国成为引领全球化发展的重要力量。同时，经济全球化遭遇逆流、全球产业链布局调整等

---

[1] 王鑫：《长三角地区体育竞赛表演业核心竞争力提升研究》，苏州大学博士学位论文2022年。

必然使全球资源要素在规模上呈整体缩小趋势，仅依靠外部资源要素"大进大出"来推动城市发展的难度加大。在构建新发展格局的要求下，上海要成为"国内大循环的中心节点、国内国际双循环的战略链接"，既要发挥中心节点的赋能功能，在要素配置、供需对接、内需体系中起到关键作用，也要发挥战略链接的通道功能，构建要素链接、产能链接、市场链接和规则链接。在率先开放的红利基本释放、开放引领发展的动力需要不断增强的背景下，必须加速培育新的战略引领优势，不断增强对国内外高端资源的吸引力。大型体育赛事是吸引体育资源聚集，体现全球体育资源配置能力的重要指标，赛事 IP 本身也是重要的资源。要让体育赛事成为上海"走出去"的最好跳板和"引进来"的前沿阵地，积极发挥对内对外开放两个扇面的作用，更好地向全球展示中国式现代化的理念、方案和强大生命力。

四、助力产业融合发展和引领消费持续升级的有效路径

在以国内大循环为主体、国内国际双循环相互促进的新发展格局中，扩大消费、拉动内需成为国家宏观经济发展的重大战略。党的二十届三中全会通过的《中共中央关于进一步全面深化改革、推进中国式现代化的决定》明确提出"积极扩大国内需求"，"加快培育完整内需体系"。消费与民生息息相关，是城市的烟火气和生机所在，也是经济发展的重要引擎。体育消费作为现代生活消费的重要部分，是打造社会消费新增长点的重要领域，也是完善扩大消费长效机制的重要组成部分。当前，上海正在加快建设国际消费

中心城市，促进商旅文体深度融合是促进新业态新消费的重要探索与实践。通过资源整合集成、业态跨界联动与产业链重构，提供更好满足市民"功能性＋情感化"需求的产品和服务，有助于提升区域消费能级，推动产业相互促进、协同共生、向高附加值演进。

大型体育赛事具有"潮汐式"客流特点，需求性强、体验度深、参与性广，是促进商旅文体深度融合的优质载体，"跟着赛事去旅行"已成为社会新风尚。以赛为媒，深入推动上海赛事与商业、文化、旅游、会展等产业融合发展，有效搭建商旅文体融合的消费场景，持续打造"全球电竞之都"，不仅能最大程度吸引国内外观赛者、参赛者将上海作为旅游目的地，还能令其沉浸式体验上海文化特色、收获精神享受，从而更好吸引全球消费资源汇聚，引领全球消费风尚。借助上海成功举办巴黎奥运会资格系列赛的良好效应，要在党的二十届三中全会的总体部署和精神指引下，把握兼具"潮流感"与"科技范"的大型赛事风口效应，更好地激发体育消费对上海扩内需、促增长的带动作用和有效贡献，进一步满足大众消费"需求量"、释放体育事业"正能量"、带动旅游产业"人流量"，助力上海加快建设国际消费中心城市。

第二章
以赛营城的求索之道：基于2019—2023年上海市体育赛事影响力评估的解析

　　2019年至2023年间，上海市举办的国际国内体育赛事呈现数量多、级别高、项目多样化的发展态势。随着我国成功举办2022年北京冬奥会和2023年杭州亚运会等重大国际体育赛事，体育赛事成为促进城市形象塑造、提升国际影响力、助力经济增长的重要资源。本章通过评估2019年至2023年上海体育赛事的影响力，审视体育赛事对上海经济社会的拉动效应，系统梳理上海体育赛事的受关注程度、专业化水平、经济社会贡献情况，为优化上海体育赛事结构和布局、推动形成与国际体育赛事之都相匹配的体育赛事体系提供支撑。

　　上海市体育赛事影响力评估由上海市体育局联合上海体育大学、上海东方体育评估咨询中心联合发布，以国际通行的体育赛事评估体系和方法为框架基础，从关注度、专业度和贡献度三个维度展开评估。根据公开发布的资料显示，2019年至2023年间，纳入评估的上海体育赛事超过 250 例，包含 F1 中国大奖赛、ATP1000 大师赛以及英雄联盟全球总决赛等多个国际知名体育赛事；运动项目超过 60 种，涵盖汽车、网球、电子竞技以及桨板等项目类型；赛事举办区域以浦东新区、嘉定区为代表，覆盖上海市全部行政区划，集中展现了上海体育赛事丰富多元的良好发展趋势。

在此基础上，本章从受关注程度、专业化水平、经济社会贡献三个维度对上海体育赛事影响力展开具体分析，考察体育赛事对城市发展产生的综合效应，审视上海"以赛营城"的求索之道。

第一节　海纳八方来客　提升城市形象关注度

扩大赛事关注度是提升体育赛事影响力、塑造城市品牌形象的重要途径。本章围绕 2019 年至 2023 年间上海体育赛事的社会关注度进行系统评估，结合具体的赛事案例梳理体育赛事在提升上海城市形象关注度方面的影响和价值。

一、评估体系与总体概况

上海市体育赛事影响力评估将赛事关注度定义为外界（媒体、受众）对赛事的关注程度，赛事引发的传播效应，以及赛事为上海城市品牌形象创造的传播价值。随着社交媒体的普及，社会媒介化程度不断升高，上海体育赛事的传播规模和深度随之增大，体育赛事所受的关注度以及关注形式也随之发生变化。

　　根据统计汇总，2019年163例上海体育赛事的总受众规模达到209万人，其中包括192万现场观众[1]；2023年118例上海体育赛事的总受众规模达到148万人，其中包括129万现场观众。[2]整体来看，2019年到2023年平均每例赛事的受众规模变化较小，上海体育赛事的受众规模总体保持稳定。

　　体育赛事是向世界推介上海的重要窗口，也是展示上海经济社会发展水平、城市精神与文化的重要平台。移动社交媒介和智能终端的发达，为提高上海体育赛事的关注度提供了重要的平台。2019年至今，上海体育赛事保持着较高水平的关注度，在扩大体育赛事影响力、打造城市品牌形象的过程中起到了关键作用，呈现出赛事报道丰富多元、赛事规模稳步扩大两大主要特征。

二、赛事报道丰富多元　有效提升城市形象传播力

　　体育赛事是富于观赏性与仪式性的重要媒介事件，围绕体育赛事进行的新闻报道，不仅能够满足受众对体育赛事信息的需求，营造良好的办赛氛围，提升上海建设全球著名体育城市的品牌传播力，还能够为城市体育赛事文化的建构与培育注入动力。2019年至2023年间，以媒介融合下的体育赛事全媒体报道为引领，上海休育赛事通过立体化的全媒体报道，切实提升了展示城市形象的能力。

[1]《一图读懂〈2019年上海市体育赛事影响力评估报告〉》，上海体育微信公众号，2020年6月1日。
[2]《118项赛事带动消费37.13亿元，这是上海体育的成绩单》，澎湃新闻，2024年3月1日。

2019 年，上海体育赛事共产生了 35 万篇次媒体报道，其中报道规模最大的 F1 中国大奖赛和上海 ATP1000 大师赛取得了相当的国际传播效应，在国外主流社交媒体的浏览量分别达到 8700 万和 5080 万。[1] 2020 年至 2022 年，上海体育赛事举办的数量有所减少，但体育赛事始终发挥着向世界展示上海城市形象的窗口作用。其中，2020 年上海马拉松电视报道境外收视人次超过 9.5 亿，英雄联盟全球总决赛的总观赛人次超过 9 亿，互动人次超过 90 亿。[2] 2023 年，上海体育赛事共产生 117.4 万篇次媒体报道，通过国内外电视直播、网络直播、长视频平台、短视频平台以及社交媒体平台等多种渠道实现了体育赛事的全媒体传播，[3] 上海 ATP1000 大师赛、上海马拉松以及上海赛艇公开赛等赛事均取得了出色的传播效果。

三、赛事规模稳步扩大　持续增强城市品牌影响力

从 2019 年至 2023 年，上海体育赛事规模稳步扩大，以体育赛事为载体，面向全球发挥着塑造并提升城市品牌影响力的积极作用。在现场观众规模方面，2019 年与 2023 年两年上海体育赛事平均观众规模基本持平。在参赛运动员 / 运动队伍规模方面，2023 年参赛运动员 / 运动队伍的 26.3% 处在同级别 / 年龄段世界排名前 20 位，具备

---

[1]《上海发布 2019 年体育赛事影响力评估报告》，国家体育总局网，2020 年 6 月 1 日。

[2]《疫情阴霾下上海是这样成为赛事之光的⋯⋯》，腾讯新闻，2021 年 5 月 12 日。

[3]《〈2023 年上海市体育赛事影响力评估报告〉发布　文体商旅展联动效应充分释放》，人民网，2024 年 3 月 5 日。

顶尖的竞技水准。[1]

综上可以看出，从2019年至2023年，上海体育赛事的现场观众规模维持在较高水平，参赛运动员/运动队伍规模显著扩大，体育赛事呈现出稳步高质量发展的良好态势，为提升上海体育城市品牌全球影响力提供了重要基础。

四、赛事案例：2019年F1中国大奖赛

世界一级方程式锦标赛（FIA Formula 1 World Championship）（简称F1），是由国际汽车运动联合会（FIA）举办的最高等级的年度系列场地赛车比赛，是当今世界最高水平的赛车比赛，与奥运会、世界杯足球赛并称为"世界三大体育盛事"。2004年，世界一级方程式锦标赛在上海国际赛道进入到第16站中国站的争夺，作为第一个在中国举办的"世界三大体育赛事"，全球瞩目的首届F1中国大奖赛圆满成功。2006年，知名赛车手迈克尔·舒马赫在上海F1中国大奖赛获得了他的最后一个分站冠军。2024年，F1中国大奖赛在二十周年之际在上海再度开赛出发，延续着作为上海老牌国际知名体育赛事的受欢迎度、竞技水平以及商业价值。

2019年4月在上海举办的F1中国大奖赛是F1历史上第1000场分站赛事，最终由梅赛德斯车队的汉密尔顿和博塔斯分获冠亚军，法拉利车队的维特尔获第三名。

---

[1]《文体旅深度融合　助力上海体育高质量发展》，国家体育总局网，2024年3月13日。

（一）厚积薄发：2019 F1 中国大奖赛上海站再度掀起赛车热

2004 年 9 月，上海 F1 中国大奖赛决赛当日，共计近 15 万人次的观众涌入上海国际赛车场，见证法拉利车队的巴西车手鲁本斯·巴里切罗最终夺冠。[1] 彼时首次进入中国市场的 F1 赛事是备受国内观众喜爱的"时髦品"，对许多中国车迷来说，2004 年上海 F1 中国大奖赛是他们车迷经历的起点。然而，受到文化底蕴、场地条件、转播技术等多方面因素的影响，起势于 2004 年上海 F1 中国大奖赛的首次"赛车热"未能延续，在 2008 年、2009 年陷入低迷。随后，经过十余年的沉淀与打磨，上海 F1 中国大奖赛逐渐形成了独特的赛车体育文化，观众群体和车迷群体稳步增长，支持赛事宣发和传播的技术条件与融媒体工作机制日趋成熟。2018 年，中央电视台时隔多年再次转播 F1 赛事，经央视和网络直播平台的转播，2018 年全年收看 F1 大奖赛的中国观众人数达到 6800 万，超过 2017 赛季总量的三倍，受众规模增幅达到 69%，在二十个 F1 观赛市场中居首位。[2]

2018 年 F1 赛事传播的积极效应促进了该赛事在国内的"热度回暖"，为 2019 年上海举办 F1 历史上第 1000 场分站赛事做好了铺垫。根据相关报道，2019 年上海 F1 中国大奖赛在开赛前一个半月，F1 票务的主、副看台就已售罄，单个比赛日现场观赛人数规模达到历史新高。根据 F1 中国大奖赛运营机构——上海久事体育产业发展（集团）有限公司负责人杨亦斌介绍[3]："（F1 中国大奖赛）第一年的很

---

[1]《一人一车一世界——记 F1 中国大奖赛 20 周年》，新华网，2024 年 4 月 2 日。

[2]《落地 F1 千站，上赛道第 16 年完美绽放》，新浪网，2019 年 4 月 14 日。

[3]《F1 中国赛与历史 1000 场相遇，这是中国商业体育的里程碑》，澎湃新闻，2019 年 4 月 14 日。

多观众存在非理性消费，现在我们的观众群体庞大且稳定，如果说第一年很多人是看热闹的，能看懂 F1 的人不到 20%，现在我敢说 80% 到 90% 的观众都是懂 F1 的。"在 2019 年 F1 中国大奖赛的全部门票销售中，约 10% 来自海外市场，这意味着 F1 中国大奖赛已促进了上海入境旅游等产业的增长。2019 年 F1 中国大奖赛拉动直接消费 9.31 亿元，相关产业经济增长 30.13 亿元，成功地将"赛车热"转换为城市消费的增长。[1]

（二）全球瞩目：2019"千站 F1"彰显上海赛事名城风采

2018 年，上海在与英国银石和俄罗斯索契两大 F1 赛事举办城市的竞争中胜出，被确定为 2019 年 F1 赛事史上"第 1000 场分站赛事"的举办地。"千站 F1"对 F1 赛事本身以及全球车迷而言意义非凡，对上海而言，"千站 F1"的举办不仅体现了中国作为 F1 最大的国际市场之一的活力和巨大发展空间，同时也为打造国际体育赛事之都的品牌形象提供了重要的机会和窗口。

2019 F1 中国大奖赛正赛前一日，F1 赛车亮相上海市中心，在新天地太平湖公园进行了精彩的赛车路演。以上海城市作为背景，史无前例的"F1 赛车驶入上海地标"，为 2019 F1 中国大奖赛成功造势，取得了极高的赛前关注度，帮助上海市民进一步了解了 F1 赛车运动。根据统计，2019 F1 中国大奖赛正赛三天累计入场观看人数近 16 万人次。60% 以上的观众来自上海以外的地区（包括海外）。[2]在

---

[1]《F1 中国赛与历史 1000 场相遇，这是中国商业体育的里程碑》，澎湃新闻，2019 年 4 月 14 日。

[2]《F1 中国大奖赛有多火？时隔五年重回中国，开票后酒店已满房》，上观新闻，2024 年 1 月 12 日。

媒体报道和社交媒体讨论方面，ESPN、CNN、路透社以及《纽约时报》等多家国际知名媒体对 2019 上海 F1 "千站赛事" 进行了集中报道，国内外社交媒体平台上有关 F1 中国大奖赛的讨论也不断掀起热潮。

经过十几年来的悉心打磨，加上 "F1 千站赛事" 的重要纪念意义，2019 F1 中国大奖赛获得了前所未有的高关注度。通过将 F1 赛车运动与城市形象进行有机结合，上海再次向全球展示了作为赛事名城的魅力与文化底蕴，增强了上海城市品牌形象的全球影响力。

第二节　倾心追求卓越　增强赛事创新专业度

赛事专业度是衡量体育赛事水平，构建体育赛事影响力的关键指标。在本章中，笔者将综合有关数据，对 2019 至 2023 年上海体育赛事专业度进行具体分析，借助具体的赛事案例梳理近年来上海体育赛事在专业度方面的表现。

一、评估体系与总体概况

在本章中，专业度指的是上海体育赛事在组织管理、运营服务等方面展现的专业程度，包括竞赛组织、赛事保障、赛事运营、赛事规格、赞助营销以及赛事满意率等构成维度。

根据统计，在竞赛组织、赛事保障与赛事运营方面，2019 年至 2023 年间，上海体育赛事中由国际级裁判员进行执裁的赛事由占比

53.5% 上升至占比 61.9%。[1][2] 2023 年，在上海举办的体育赛事中共计 33.9% 的体育赛事已连续举办 7 届以上，展现了上海体育赛事在竞赛组织、赛事保障以及运营方面较高的专业水准，表明成熟的办赛模式已日趋定型。[3]

在赛事规格方面，2019 年，上海 163 例体育赛事中包含国际赛事 87 项，占比为 53.4%；2023 年，上海 118 例体育赛事中包含国际赛事 36 项，占比 30.5%。[4] 与此同时，参与上海体育赛事的运动员 / 队伍的规模和水准稳步提升。2023 年，参与上海体育赛事的运动员规模由 2019 年的 17 万人上升至 19 万人，在年度所有赛事中，有同级别 / 年龄段世界排名前 20 位的运动员 / 队伍参加的赛事达到 31 项，占比 26.3%，彰显了上海打造精品赛事，稳步提高赛事专业化水平的发展方向。[5]

在赞助营销方面，上海体育赛事始终保持着多元开放、蓬勃发展的趋势。2023 年，上海体育赛事赞助商数量多、品牌多元、商业价值高，其中 38 项赛事的赞助商总数超过 5 家，占比 32.2%；47 项赛事的赞助商中包含世界 500 强企业，占比 39.8%。[6] 数量足、质量高的赞助营销为上海体育赛事保证赛事规格，不断完善竞赛组织、赛事保障以及赛事运营提供了重要基础。

---

［1］《一图读懂〈2019 年上海市体育赛事影响力评估报告〉》，上海体育微信公众号，2020 年 6 月 1 日。

［2］《〈2023 年上海市体育赛事影响力评估报告〉发布　文体商旅展联动效应充分释放》，人民网，2024 年 3 月 5 日。

［3］［5］《文体旅深度融合　助力上海体育高质量发展》，国家体育总局网，2024 年 3 月 13 日。

［4］《上海发布 2019 年体育赛事影响力评估报告》，国家体育总局网，2020 年 6 月 1 日。

［6］《文体旅深度融合　助力上海体育高质量发展》，国家体育总局网，2024 年 3 月 13 日。

　　赛事专业化程度高不仅是竞技体育高质量发展的基础，同时也是上海体育赛事提升受众满意度的基础。根据相关数据显示，从2019年到2023年，上海体育赛事专业度不断提高，尤其是赛事规格保质求精，赛事组织、赛事保障、赛事运营水平有效提高，赞助营销水平稳步提升，为激发赛事综合效应，实现"以赛营城"提供了重要基础。

二、赛事规格逐年提升　不断彰显竞赛组织权威性

　　赛事规格包含赛事的级别、范围以及重要性等综合评估标准，与体育赛事的专业性密切相关。2019年至2023年，上海体育赛事规格呈现逐年提高的趋势，参赛的高水平运动员规模扩大，竞赛组织的权威性不断增强。

　　2019年，上海举办了F1大奖赛、上海国际马拉松、国际田联钻石联赛上海站等多项重大赛事以及奥运资格赛事，38.9%的赛事吸引了世界排名前50的选手参赛。[1] 2020年至2022年，上海体育赛事优先保证高水平赛事，通过应用云计算、5G等前沿媒介技术，形成了成熟的线上线下体育赛事运营模式，举办了2021年全国跳水冠军赛暨东京奥运会选拔赛等国际高水平赛事，英雄联盟全球总决赛等电子竞技赛事，以及上海赛艇公开赛等专业赛事。2023年，上海体育赛事全面复苏，举办了上海ATP1000大师赛、上海马拉松、上海赛艇公开赛以及LPGA锦标赛等多项高水平重大体育赛事，26.3%的赛

事吸引世界排名前 20 的运动员参赛。[1]

三、赛事保障力求完善　倾心铸就赛事运营专业性

赛事保障是体育赛事成功举办的关键基础，不仅与赛事运营专业性密切相关，也影响着赛事满意度以及对赛事品牌和城市品牌的塑造。2019 年至 2023 年间，上海先后发布了《上海市体育赛事管理办法》《上海市体育赛事品牌认定体系》《上海市体育赛事评估体系》《上海市体育赛事扶持办法》《上海市体育赛事体系建设方案（2021—2025 年）》等一系列纲领性文件，力求构建以赛事管理与服务为引领、以建设赛事体系为重点、以"赛事认定—赛事评估—赛事扶持"为抓手、以赛事监管和赛事管理数字化平台建设为支撑的上海市"1+1+3+2"体育赛事管理创新体系，[2] 为上海体育赛事完善赛事保障，提高赛事运营专业性提供了坚实的基础。

如前所述，2019 年，上海市承办了多项奥运资格赛事，以国际级的赛事保障与运营标准支持奥运赛事的举办，提升了上海体育赛事的专业水平。2020 年至 2022 年间，上海体育赛事在线上线下办赛、智能技术赋能赛事管理等方面取得了显著进步。2023 年，上海体育赛事不仅在高水平运动员参赛规模等方面继续增长，而且在国际级裁

---

[1]《〈2023 年上海市体育赛事影响力评估报告〉发布　文体商旅展联动效应充分释放》，人民网，2024 年 3 月 5 日。

[2]《建设国际赛事之都的探索与实践——上海市体育工作创新典型案例》，国家体育总局网，2024 年 1 月 30 日。

判员配备赛事执裁的比例上不断提高[1]，上海马拉松、上海 ATP1000 大师赛等连续成功举办 7 届以上的老牌赛事体现了上海体育赛事在保障与运营方面的专业性不断提升。

四、多位一体优质办赛　有效提高赛事整体满意度

在高水平的赛事规格、专业化的赛事保障和运营下，上海体育赛事在受众调研中始终保持着较高的满意度。2023 年，高质量的赛事运营和高水平的竞技带来了较高的满意度，现场观众对赛事表示"满意和非常满意"比例超过 90% 的赛事达 86 项。[2] 上海体育赛事在赛程设置、购票渠道、运动员竞技表现可观赏性、赛事卫生环境满意度、赛事纪念品满意度、赛事安全保障满意度、工作人员态度友好度、工作人员服务专业度、赛事宣传推广满意度、赛事地理位置满意度等多个维度获得现场观众的好评，反映了上海体育赛事多位一体提高赛事质量的成果与效益。

五、赛事案例: 2023 年世界斯诺克上海大师赛

创办于 2007 年的上海大师赛是代表世界斯诺克最高水准的顶级赛事之一，也是目前中国最具影响力的国际体育赛事之一。作为上海赛事品牌名录中的一员，世界斯诺克上海大师赛以顶级的竞技水平和

---

[1]《〈2023 年上海市体育赛事影响力评估报告〉发布　文体商旅展联动效应充分释放》，人民网，2024 年 3 月 5 日。

[2]《118 项赛事带动消费 37.13 亿元，这是上海的成绩单》，澎湃新闻，2024 年 3 月 1 日。

专业的办赛水准展现城市形象、传播城市文化，在推动斯诺克运动发展方面起到了重要作用。作为亚洲顶级的斯诺克赛事，斯诺克上海大师赛冠军积分高达 7000 分，仅次于斯诺克世界锦标赛的 10000 分和英国锦标赛的 8000 分，高于其他所有同级别排名赛。2007 年 8 月，作为世界斯诺克07—08赛季揭幕之战的上海斯诺克大师赛在上海体育馆举行，开启了亚洲的斯诺克赛事历史，也开启了上海斯诺克赛事的精品打造之旅。2018 年，上海大师赛赛事由排名赛升级为邀请赛，72.5 万英镑的丰厚奖金、独特的 24 人邀请赛赛制吸引了各界关注，最终由世界著名斯诺克选手"火箭"罗尼·奥沙利文问鼎冠军。[1]

　　2023 年举办的世界斯诺克上海大师赛标志着上海斯诺克赛事的全面复苏与强势回归。赛事依旧延续 24 人邀请赛形式。罗尼·奥沙利文在上海大舞台（原上海体育馆）以 11∶9 的比分击败对手，完成了上海大师赛"五冠王"的壮举。[2]

（一）锐意革新：创新性为世界斯诺克上海大师赛带来全新高度

　　从 2007 年到 2023 年，在世界斯诺克上海大师赛的发展历程中，赛事改制是其中最为重要的转折点之一。2007 年至 2016 年，世界斯诺克上海大师赛正赛采取 64 人的平行签表赛制，排名前 16 位的球员直接进入正赛 32 强。2017 年，赛事转为 128 人大签位赛制，规定全部球员参加一轮资格赛，64 强进入正赛。2018 年，世界斯诺克上海

---

[1]《草根选手也能竞争 20 万英镑冠军奖金，世界斯诺克上海大师赛请来奥沙利文当明星导师》，上观新闻，2018 年 8 月 4 日。

[2]《罗尼·奥沙利文夺得 2023 世界斯诺克·上海大师赛冠军，创造赛会"五冠王"神话》，久事体育，2023 年 9 月 17 日。

大师赛迎来大幅改制，赛事性质由排名赛转为邀请赛，主办方宣布，大师赛奖金上涨至 72.5 万英镑，且此后四年将分别上涨至 75 万、77.5 万、80 万和 82.5 万英镑，24 个参赛名额将由世界公开赛后世界排名前 16 的选手、世界排名最高的 4 名中国选手、2 名来自中国台球协会推荐的选手和 2 名全国业余大师赛选手组成。高额奖金为改制后的世界斯诺克上海大师赛吸引了更多世界知名的高水平运动员，为提高斯诺克大师赛的竞技水平与专业水准奠定了更加坚实的基础。

在具体赛程设置方面，改制后的世界斯诺克上海大师赛提前引入长局制，在半决赛就采用了 19 局 10 胜的赛制，决赛则采用 21 局 11 胜制。区别于充满偶然性的短局制，上海大师赛半决赛、决赛连续两轮的长局考验给顶尖选手创造了更多调整状态的空间，有利于选手在比赛中发挥真实的竞技水平，增强赛事的专业性和观赏性。在选手名额方面，2018 年改制后，上海大师赛精简的参赛名单直接提高了每场比赛的竞技水平，同时也为中国本土选手提供了更多机会，促进了中国本土斯诺克文化的发展。

在此基础上，2023 年世界斯诺克上海大师赛成为全球奖金最高、竞技专业水准最高的斯诺克赛事之一，吸引了世界排名第一的选手罗尼·奥沙利文、2023 年斯诺克世锦赛新科冠军卢卡·布雷切尔、世界冠军尼尔·罗伯逊以及中国本土斯诺克明星选手丁俊晖等多位顶尖运动员参加比赛，彰显了上海体育赛事追求品质，通过积极创新提高赛事专业水平的先进理念与良好态势。

（二）好评如潮：专业性为 2023 世界斯诺克上海大师赛赢得过硬口碑

2023 年 9 月，世界斯诺克上海大师赛在上海体育馆举行。本次赛事是第13届斯诺克上海大师赛、2023—2024斯诺克赛季的第三站比赛，赛事总奖金达到82.5万英镑。赛事期间，参赛选手以顶级的竞技水平为场均超过7500名观众奉上了精彩的斯诺克比赛盛宴，与此同时，赛事主办方也以专业的高水准赛事保障和运营管理获得了现场观众的广泛认可，进一步提高了上海大师赛的受众满意度。

2023年世界斯诺克上海大师赛不仅具备超一流的赛事规格，会聚顶尖运动员展开高水平的斯诺克比赛，而且具备超一流的赛事保障与运营水准，极大地提升了现场观众的观赛体验，为上海大师赛赢得了良好的口碑，为拉动赛事相关消费和塑造品牌形象提供了有力支撑。

第三节　聚焦综合效应　凸显服务城市贡献度

赛事贡献度是体育赛事社会影响力以及"以赛营城"综合效应的直接体现。本章围绕2019年至2023年上海体育赛事的贡献度进行深入分析，结合具体的赛事案例梳理近年来上海体育赛事在贡献度方面的总体特征。

一、评估体系与总体概况

贡献度指的是上海体育赛事对上海经济增长与社会发展所产生的影响，包括消费拉动、经济影响以及社会影响三个分析维度。

在消费拉动和经济影响方面，上海体育赛事始终为城市消费和经济增长提供动力，经济增益持续扩大。2019 年，163 项上海体育赛事共带来 30.90 亿元直接经济效益、102 亿元间接经济效益。[1] 2023 年，118 项上海体育赛事共带来 49.38 亿元直接经济效益、128.64 亿元间接经济效益，拉动消费 37.13 亿元。[2]

在社会影响方面，上海体育赛事始终发挥着"城市会客厅"的功能，为营造良好的社会氛围、丰富市民余暇生活提供助力。上海马拉松、MAGIC3 上海市青少年三对三超级篮球赛等丰富多彩的群众体育赛事丰富了居民的精神文化生活。2023 年上海体育赛事创造了 32268 个就业岗位[3]，带动了"吃、住、行、游、购、娱"旅游六要素蓬勃发展，提振了体育旅游消费，营造了积极良好的社会氛围，为商旅文体融合注入了活力。

赛事贡献度是上海体育赛事拉动上海消费，推动经济增长，营造良好社会氛围，实现"以赛营城"的直接体现，最为直观地反映了体育赛事的举办给上海城市发展带来的增益。根据统计显示，从 2019 年至 2023 年，上海体育赛事为城市带来的消费拉动和经济效益呈现增长态势，带动多个文化产业协同发展，日益完善的"体育＋"模式不仅为上海经济发展注入新动能，也为打造上海体育文旅新品牌提供了关键动力。在社会影响方面，体育赛事始终带来积极的社会效应。

---

[1]《一图读懂〈2019 年上海市体育赛事影响力评估报告〉》，上海体育微信公众号，2020 年 6 月 1 日。

[2]《118 项赛事带动消费 37.13 亿元，这是上海体育的成绩单》，澎湃新闻，2024 年 3 月 1 日。

[3]《上海创新赛事管理》，国家体育总局网，2024 年 9 月 12 日。

二、赛事消费模式创新 持续激发城市消费新动力

2019 年，国务院办公厅印发了《关于促进全民健身和体育消费 推动体育产业高质量发展的意见》明确指出："体育产业在满足人民日益增长的美好生活需要方面发挥着不可替代的作用。在新形势下，要以习近平新时代中国特色社会主义思想为指导，强化体育产业要素保障，激发市场活力和消费热情。"[1] 推动体育产业成为城市经济支柱性产业，创新赛事消费模式，激发城市消费新动力是上海体育赛事高质量发展的重要基础。2019 年至 2023 年，上海体育赛事不仅拉动了城市相关消费，也展现了体育赛事消费的新模式。

其一，智能媒介技术进步为体育赛事消费赋予了新体验。随着 5G 技术、人工智能、云计算、物联网、新型转播技术等高新科技的发展及其在体育赛事领域的应用，上海体育赛事为用户提供了新的使用场景。例如，2019 年上海 F1 大奖赛、2020 年上海英雄联盟全球总决赛、2023 年上海赛艇公开赛等赛事在办赛过程中积极融入云计算、5G 等尖端媒介技术，应用 VR、AR 以及人工智能算法提高赛事直播质量与互动水平，极大地丰富了用户的体育赛事消费体验。

其二，电子竞技与休闲体育发展为体育赛事消费提供了新选择。近年来，以英雄联盟、反恐精英等电子游戏为载体开展的电子竞技体育赛事在上海发展迅猛。2020 年，电子竞技领域最受关注、商业价值最大的赛事之一——英雄联盟全球总决赛在上海举行，全球电竞迷

---

[1]《国务院办公厅关于促进全民健身和体育消费推动体育产业高质量发展的意见》，中国政府网，2019 年 9 月 17 日。

共聚"线上"观赛，彰显了上海发展电竞产业，促进数字时代创新型体育赛事消费的先进理念与科技实力。[1]同时，以高尔夫、公路自行车为代表的休闲体育赛事也呈现出蒸蒸日上的发展态势。与强调"更快、更高、更强"的竞技体育不同，休闲体育侧重于余暇时间的娱乐生活以及身心健康的维护，需要与上海国际大都市生活的高品质需求相契合。可以预测，未来上海电子竞技与休闲体育将会继续保持快速发展态势，为体育赛事消费提供更多创新性的选择。

三、助力产业综合发展　不断增强经济发展新动能

2014年，国务院《关于加快发展体育产业促进体育消费的若干意见》提出："到2025年，基本建立布局合理、功能完善、门类齐全的体育产业体系，体育产品和服务更加丰富，市场机制不断完善，消费需求愈加旺盛，对其他产业带动作用明显提升。"可以看出，体育赛事"聚人气"的性质，决定了上海体育产业带动其他产业发展，推动城市经济增长的独特优势，也决定了上海体育赛事必须加强谋篇布局、助力产业融合发展。

其一，纵向构建体育赛事产业链条，带动相关产业协同繁荣。一项体育赛事的成功举办往往同时涉及多个产业部门，从2019年至2023年，上海体育赛事为体育器材制造产业、文化娱乐产业、旅游产业等带来了不同程度的经济增长。例如，2023年上海马拉松赛事，

[1]《〈2020年上海市体育赛事影响力评估报告〉发布　上马S10领衔上海最具影响力赛事》，国家体育总局网，2021年5月17日。

分别带来第一产业经济影响 0.19 亿元、第二产业经济影响 7.08 亿元、第三产业经济影响 12.85 亿元，以及就业效应 5050 个。[1] 总体来看，以第三产业为引领，上海体育赛事为产业经济发展带来了相当的积极效应。

其二，横向布局长三角联合办赛模式，牵头建设区域合作体育赛事品牌。上海体育赛事的长三角联合办赛是在国务院《关于促进全民健身和体育消费推动体育产业高质量发展的意见》[2]《长江三角洲区域一体化发展规划纲要》[3]《长三角地区一体化发展三年行动计划（2024—2026 年）》[4] 等多个区域宏观政策指导下，结合长三角地区的社会经济环境和特色体育资源，集中构建的办赛模式。近年来，长三角联合办赛对标京津冀地区、伦敦大都市区、美国五大湖区等国内国际知名区域合作办赛案例，打造以长三角品牌赛事为基础的体育赛事体系，带动长三角地区体育产业综合发展。作为全国体育产业经济贡献度最高、结构最优、消费支撑最好的地区之一，上海牵头设立了 2023 年"桨下江南"水上马拉松、MAGIC3 上海市青少年三对三篮球赛长三角交流赛等长三角联合办赛品牌[5]，在长三角体育赛事及其

［1］《〈2023 年上海市体育赛事影响力评估报告〉发布　文体旅商旅展联动效应充分释放》，上海体育微信公众号，2024 年 3 月 1 日。

［2］《国务院办公厅关于促进全民健身和体育消费推动体育产业高质量发展的意见》，中国政府网，2019 年 9 月 17 日。

［3］《中共中央　国务院印发〈长江三角洲区域一体化发展规划纲要〉》，中国政府网，2019 年 12 月 1 日。

［4］《市政府新闻发布会介绍〈长三角地区一体化发展三年行动计划（2024—2026 年）〉有关情况》，上海市人民政府网，2024 年 7 月 25 日。

［5］《【专题研究】2022—2023 年长三角地区合作办赛发展报告》，长三角体育一体化研究微信公众号，2024 年 4 月 8 日。

产业经济综合发展过程中发挥着龙头引领作用。

四、旅游要素多元共促　协力打造城市旅游新品牌

近年来，体育旅游是备受社会各界关注的城市旅游新模式，也是推动城市经济增长的新动力。"吃、住、行、游、购、娱"旅游六要素与体育赛事密切相关，不仅如此，体育赛事旅游的发达还将带动城市其他文化品牌的构建与传播，促进城市旅游品牌形象的塑造，为城市旅游及相关产业的可持续增长提供重要的基础。2019 年至 2023年，上海体育赛事为城市旅游经济带来的增益整体有所上升，有效促进了上海城市旅游品牌形象塑造，显现了"商旅文体展"协同发展的联动效应。

其一，协同体育赛事旅游六要素，共同促进旅游产业发展。围绕"吃、住、行、游、购、娱"旅游六要素，上海体育赛事为促进旅游经济增长提供了强劲的动力来源。2023 年，上海体育赛事对"吃、住、行、游、购、娱"六要素的拉动效应达到 47.53 亿元，占拉动效应总和的 36.9%。其中"吃、住"为 10.7 亿元、"行"为 19.33 亿元、"游"为 8.69 亿元、"购"为 2.81 亿元、"娱"为 6 亿元，有力促进了旅游产业的发展。[1]

其二，加快建设全球著名体育城市，打造城市旅游新品牌。2020年 10 月，上海市人民政府印发了《上海全球著名体育城市建设纲

---

[1]《〈2023 年上海市体育赛事影响力评估报告〉发布　文体商旅展联动效应充分释放》，上海体育微信公众号，2024 年 3 月 1 日。

要》[1]，提出到 2025 年基本建成全球著名体育城市，2035 年迈向更高水平，2050 年全面建成全球著名体育城市。在上海建设全球著名体育城市的进程中，上海体育赛事扮演着至关重要的角色，一方面通过体育赛事的举办，围绕具备本土特色的体育赛事旅游拉动产业经济综合发展，形成了上海体育赛事助力"商旅文体展"融合发展的常态化机制；另一方面塑造了上海国际体育赛事之都的品牌形象，将全球的目光吸引至上海，将城市旅游的品牌效应转化为经济增长的新动能，促进了上海全球著名体育城市建设，实现了真正意义上的"以赛营城"。

五、赛事案例：2023 年上海 ATP1000 大师赛

上海大师赛（Shanghai Masters），又称劳力士上海大师赛（Rolex Shanghai Masters），是亚洲范围内最高级别的男子网球赛事，其规模仅次于四大满贯。上海大师赛的主要比赛场馆是位于闵行区的上海旗忠森林体育城网球中心，是世界三大网球场馆之一。2002 年，ATP 年终总决赛在中国上海举办，当时被称为网球大师杯，由世界排名第一的澳大利亚选手莱顿·休伊特赢得冠军。2003 年和 2004 年，作为 ATP 国际系列赛级别的上海公开赛在上海新国际博览中心举办。2005 年开始，ATP 年终总决赛在当年新建的旗忠森林体育城网球中心举办。2009 年，上海大师赛跻身全球 9 项 ATP 世界巡回赛 1000 大师赛

---

[1]《上海市人民政府办公厅关于印发〈上海全球著名体育城市建设纲要〉的通知》，上海市人民政府网，2020 年 10 月 17 日。

之一，成为亚洲唯一一站也是唯一一站在北美和欧洲以外地区举行的大师赛。2010年，劳力士宣布成为上海ATP1000大师赛的最高级别冠名赞助商。作为全球最有价值、最受运动员欢迎的顶尖网球赛事之一，上海ATP1000大师赛自2009年以来一直拉动上海体育赛事消费，促进经济增长，为上海体育和旅游等产业作出了积极贡献。

2023年，上海ATP1000大师赛于国庆黄金周期间升级回归，单打签表从原来的56人扩容至96人，参赛阵容更为豪华，赛事奖金进一步提升，成为奖金最高的男子赛事之一。同时，2023年上海ATP1000大师赛着重在球员体验和观众体验两端进行了软硬件升级，在观众体验的提升方面，2023年上海ATP1000大师赛将"吃、住、行、游、购、娱"旅游六要素与顶尖网球赛事有机结合在一起，积极配备无纸化门票、智慧餐饮、智慧泊车等数字智能技术应用，极大地丰富了观众体验。据统计，2023年上海ATP1000大师赛总计吸引了19万名观众现场观赛，直接经济影响高达14.22亿元，间接经济影响达41.08亿元，创造就业效应9968个。[1]

（一）超级赛事：日渐成熟的上海网球市场

网球对于上海有着特别的意义。作为名副其实的"网球之都"，上海有着悠久的网球运动历史。在外国传教士等群体的推动下，网球运动在上海得到了较大规模的推广。新中国成立后，上海于1951年成立了新中国第一支网球队，即"上海联合网球队"。1954年，国

---

[1] 《〈2023年上海市体育赛事影响力评估报告〉发布　文体商旅展联动效应充分释放》，上海体育微信公众号，2024年3月1日。

家体委在北京成立国家网球队，首批选拔的 8 名队员全部来自上海。[1]上海的网球文化积淀为后续职业网球赛事进入中国以及网球市场的兴盛奠定了重要的基础。1996 年中国大陆首次自主购买赛事版权并承办职业网球赛事——上海喜力网球公开赛，2002 年举办上海网球大师杯赛，2009 年举办上海新 ATP1000 大师赛，再到 2023 年上海 ATP1000 大师赛全面升级为"超级大师赛"，上海职业网球赛事历经近 30 年的沉淀与积累，已经成为上海最具特色、最有影响力的品牌赛事。其中，上海 ATP1000 大师赛更是全球顶尖的超级网球赛事，代表着上海乃至中国网球赛事市场的繁荣与发展水平。

深入人心的网球文化与精心办赛的经验，培育了上海 ATP1000 大师赛举足轻重的经济影响力与商业价值。2023 年，上海 ATP1000 大师赛赛事方上海久事体育产业发展（集团）有限公司与赛事冠名赞助商劳力士续签 10 年长约，彰显了上海 ATP1000 大师赛的巨大商业价值与潜力。上海大师赛赛事总监曾在采访中指出："上海大师赛代表着世界上最大的人口数量，如果把亚太地区也算进去的话，我们是全球最后一个不饱和的网球市场。"[2]活跃的网球市场和年轻化的受众年龄结构，决定了上海 ATP1000 大师赛以及上海日渐成熟的网球市场具有极大的发展潜力与空间。

---

[1]《踏上一体化发展新道路　上海市网球协会换届开启新征程》，上海市体育局网，2023 年 12 月 10 日。

[2]《时隔三年升级回归，上海网球大师赛能否再续昔日辉煌?》，网易新闻，2023 年 5 月 12 日。

（二）全面升级：2023 上海 ATP1000 大师赛的超强经济效应

2019 年，上海 ATP1000 大师赛共计带来直接经济影响 11.64 亿元，间接经济影响 39.23 亿元。[1] 2023 年，上海 ATP1000 大师赛则将直接经济影响与间接经济影响分别提升至 14.22 亿元和 41.08 亿元，实现了对 2019 年同类赛事经济效应的超越。[2] 作为最具商业价值的国际顶尖赛事之一，上海 ATP1000 大师赛及其背后的网球市场长期以来为上海提供了"超级赛事"的经济促进效应，2023 年上海 ATP1000 大师赛在以往历届赛事的基础上，对赛制、场地设施、球员服务、球迷活动等进行了重磅升级，从不同维度带动了上海体育赛事以及相关产业经济的综合增长。

由于参赛阵容更豪华，赛事票房火爆，2023 年上海 ATP1000 大师赛将原来为期一周的赛程拉长至 12 天，基本覆盖国庆黄金周。单打签表从原来的 56 人扩容至 96 人，总赛事奖金进一步提升至 880 万美元。更长的赛程、更多的参赛选手以及更为丰厚的奖金为 2023 年上海 ATP1000 大师赛带来了更高水平、更具观赏性的网球比赛，也进一步吸引了更多观众购票前往现场观赛。

如前所述，2023 年上海 ATP1000 大师赛不仅对赛程赛制、球员服务进行了全面升级，也围绕场馆设施、虚拟看台数字服务等多个维度提升观众的观赛体验。在 ATP1000 大师赛赛程中，观众不一定要进入比赛场内才能享受到"网球嘉年华"的氛围和乐趣。正如久事

---

[1]《时隔三年升级回归，上海网球大师赛能否再续昔日辉煌?》，网易新闻，2023 年 5 月 12 日。

[2]《〈2023 年上海市体育赛事影响力评估报告〉发布　文体旅商展联动效应充分释放》上海体育微信公众号，2024 年 3 月 1 日。

体育产业发展（集团）有限公司董事长杨亦斌在采访中表示："在大师赛期间给网球爱好者更多的场地和时间来感受，是我们提升观赛体验、培育网球市场的举措之一。"[1] 2023年上海ATP1000大师赛共计拉动旅游六要素经济收益13.96亿元，包括"吃、住"4.03亿元、"行"6.34亿元、"游"2.19亿元、"购"0.81亿元，以及"娱"0.59亿元[2]，全面超过2019年的旅游经济收益促进水平。

在2023年上海ATP1000大师赛赛程中，明星选手对门票售卖的"偶像效应"有所减弱，取而代之的是观众更为"稳定"的观赛行为，"虽然大牌球员都集中在夜场出场，但很多球迷也会在白天来欣赏更多球员的比赛、享受这里的氛围，去看外场球员的训练。"[3] 可以看出，观众对上海ATP1000大师赛的消费动机、消费行为变得更加多元，ATP1000大师赛观赛、游玩作为一种生活方式正在融入人们的生活，这无疑是网球市场日趋成熟的象征，也是上海体育赛事对全民健身事业和体育文化建设形成有力推动的体现。

---

[1]《上海大师赛：首次升级后的"嘉年华"落幕，14年培育让网球文化深入人心》，上观新闻，2023年10月16日。

[2]《〈2023年上海市体育赛事影响力评估报告〉发布　文体商旅展联动效应充分释放》，上海体育微信公众号，2024年3月1日。

[3]《上海大师赛：首次升级后的"嘉年华"落幕，14年培育让网球文化深入人心》，上观新闻，2023年10月16日。

第三章
"三上"赛事综合效应的实现策略

　　赛事是城市体育的灵魂，自主品牌赛事体系的形成是城市体育核心竞争力的关键。上海马拉松作为上海创办的首个具有世界影响力的城市自主品牌赛事，始于1996年。在之后的二十多年里，上海自主品牌赛事长期面临"上马""一枝独秀"的局面。2021年在苏州河上创办的城市自主品牌赛事上海赛艇公开赛，以赛事为载体，展现城市母亲河的人文脉络和治理成就。2024年，上海帆船公开赛扬帆登场。两大赛事与用脚步丈量城市精彩的上海马拉松共同构筑起上海城市景观赛事头部品牌。本章对打造上海马拉松、上海赛艇公开赛、上海帆船公开赛（以下简称"三上"）自主赛事品牌的探索进行审视，并探讨"三上"赛事综合效应的实现策略。

第一节　空间拓展：自主赛事品牌的持续探索

　　"三上"品牌赛事的持续探索涵盖三个重要维度。首先，在品牌塑造与体系构建上，赛事致力于打造独特的形象和价值，建立完整的品牌体系，如同为其注入鲜活的灵魂，不断提升品牌的认知度与影响力。其次，赛事推广与对外传播旨在通过多渠道的宣传和精准的营销策略，点亮赛事的知名度和参与度，吸引更多的国内外观众和参赛者。最后，赛事服务与体验优化专注于提升观众和选手的整体体验，以高质量的服务和完善的设施，营造难忘的赛事记忆，增强赛事的吸引力和美誉度，确保品牌的长久魅力与忠诚度。

一、品牌塑造与体系构建

近年来，上海积极推进"一江一河"发展规划，推动黄浦江和苏州河的整体开发和治理，旨在打造绿色生态、活力四射的滨水空间。这不仅改善了沿岸环境，还为市民提供了丰富的休闲和健身场所。在此背景下，上海致力于建设全球著名体育城市，推动各类体育赛事和活动的开展，提升城市国际影响力和居民生活质量。2020 年 10 月17 日，上海市人民政府办公厅发布《上海全球著名体育城市建设纲要》(沪府办发〔2020〕12 号)[1]，明确提出建设全球著名体育城市的目标，为上海打造具有全球影响力的精品赛事提供了制度保障。随着"二上"赛事举办的持续化和常态化，上海初步形成一批由政府牵头引领、品牌效应带动、群众广泛参与、国际反响不俗的高品质品牌体育赛事集群，充分展现了体育与城市历史特质和空间特色的完美结合。

---

[1]《上海全球著名体育城市建设纲要》，上海市人民政府网，2020 年 10 月 17 日。

（一）上海马拉松

1996 年，上海浦东国际马拉松正式举办，这是中国较早举办的城市马拉松赛事之一。这项赛事的开展旨在推动全民健身运动，增强公众的健康意识，提升上海的国际知名度和城市形象，对外展示浦东近二十年改革开放的发展成就，并促进体育文化的交流。初期的赛事规模较小，参赛者主要是本地居民和少量国际选手，但中国经济的快速发展和人们对健康生活方式的追求，使上海马拉松赛事逐渐吸引了更多的国内外参赛者。随着上海国际形象的提升和市民健康意识的增强，马拉松赛事逐步得到了更多的关注和支持。赛事的组织者和政府部门开始加大对赛事的投入和宣传力度，从而吸引了更多的国内外选手和观众参与，上海马拉松在赛前规划、赛时运行机制的建立、赛后的推广等方面逐渐完善。2018 年，国际田联首次对全球马拉松赛事进行排名，上海马拉松位列全球第 15 位，赛事的国际认可度和影响力不断增强，吸引了全球范围内广大的专业选手和跑步爱好者参与，赛事的组织水平和赛道质量也得到了显著提升，成为亚洲及全球马拉松赛事中备受关注的品牌。

上海马拉松赛事品牌的塑造不是一蹴而就的，而是多年精心培育的结果，它不仅是一场体育赛事，更是展现上海城市形象的重要窗口和推广平台。通过这一赛事，上海展示了国际化、现代化的城市风貌，也促进了市民健康生活方式的培育和体育文化的传播。赛事的成功举办也为上海的旅游业和经济发展带来了积极的影响。在多年的发展过程中，上海马拉松经历了多次改造和升级。主要表现在：一是赛事规模与参与人数的增加。从最初的几千人参赛，逐步发展到现在的数万人参赛，2019 年的上海国际马拉松吸引了超过 38000 名参赛者。二是赛事路线的优化。起初的赛道设计主要在市区范围内，随着赛事规模的扩大和城市的发展，经过多次调整，现在的赛道设计不仅涵盖了上海的著名地标，还展示了城市的现代化风貌和历史文化，其间蕴含着政府对于扩展城市空间的雄心壮志。三是赛事服务水平的提升。组委会不断改进赛事组织和服务，从选手报名、参赛包领取、赛道服务、医疗保障等方面进行了多次升级，确保赛事的安全性和参与者的体验。四是国际化的品牌推广。2020 年上海国际马拉松正式升级为白金标赛事，这使得赛事在国际上的影响力大幅提升，吸引了更多的国际顶尖选手参赛。同时，赛事的品牌价值也得到了极大的提升。五是赛事形式的多样化。除传统的全程马拉松外，上海国际马拉松还增设了半程马拉松、10 公里跑和 5 公里跑等多个项目，以满足不同人群的需求。可以看到，上海国际马拉松赛事品牌的塑造是一个长时间、多维度、全方位、多主体参与的综合性进程，赛事品牌塑造的过程也展现着上海这座国际大都市城市发展的纹理脉络。

（二）上海赛艇公开赛

二十多岁的"上海马拉松"已经成为上海的城市名片，每年在这座城市最美的金秋时节，"上马"如约而至，带动全城迈开脚步，跑向希望，而旖旎的城市步道外，依江傍河的城市水域拥有丰富的景观，为发展水上运动提供了天然优势。上海马拉松运行团队在考察伦敦、波士顿等地的马拉松比赛时发现，这些全球知名体育城市均拥有历史悠久、口碑良好的水上赛事。[1] 上海是中国近代体育的孕育地，也是赛艇在中国的发源地，漫长的历史变迁中，赛艇运动与上海这座城市建立了深厚的渊源，最早的赛艇运动由上海进入我国，赛艇运动也在上海得到了蓬勃发展。[2]

1852 年，在上海外滩的黄浦江上，外国侨民首次组织划船比赛。1863 年，在华英国商人组织侨民在苏州河岸建立"划船总会"。1906 年，划船总会又在上海闵行和江苏昆山青阳港建立分部。在此时期，参加划船总会的人大多是西方侨民，但也有少数的中国人参加活动。1935 年上海两江体育学校曾在昆山青阳港举行的 8 人赛艇比赛中得过第一名，另有一名叫周家琪的上海青年曾在嘉兴南湖举行的男子单人双桨比赛中获得冠军。这时赛艇由西方传入，虽然有少数中国人参与，但赛艇比赛的举办权始终控制在外国人手中。[3]

新中国成立后，我国各项事业蓬勃发展，赛艇的举办权回到了广大人民群众的手中。1956 年赛艇入选第一届全国运动会项目。2002 年苏州河赛艇公开赛在上海举行，成为我国城市赛艇比赛的发端。2021 年 10 月 23 日至 24 日，第一届上海赛艇公开赛在苏州河水域举办，在上海的母亲河上，赛艇运动与这座城市迎来了一场跨越世纪的"约会"。这是上海着眼国际体育赛事之都建设，按照"一江一河"发展规划，精心创办的自主品牌赛事，旨在彰显城市文化的特质。2022 年 10 月 29 日至 30 日，第二届上海赛艇公开赛举办，具有激活城市活力和打造国际体育赛事之都的双重意义。2023 年 9 月 16 日至 17

---

[1]《水陆两开花，"上马""上艇"皆"上品"》，《新民晚报》2021 年 10 月 22 日。

[2][3]　米中伟、张盛：《新兴体育赛事助力上海全球著名体育城市建设的历程、经验及启示——以上海赛艇公开赛为例》，《成都体育学院学报》2024 年第 1 期。

日，第三届上海赛艇公开赛在苏州河举办，[1]赛事的举办相较于前两届规模更大，参加的运动员也更加多元。可以看到，每一届上海赛艇公开赛的举办都与城市的更新与发展紧密相连。

（三）上海帆船公开赛

上海帆船公开赛作为一个彰显城市形象和传递城市精神的全新载体，旨在对标国际知名帆船赛事，努力打造成具有国际影响力的城市自主品牌赛事。这一赛事与上海国际马拉松和上海赛艇公开赛共同组成"三上"品牌，进一步提升了上海在全球体育中的地位。上海帆船公开赛不仅是一个体育赛事，还是上海城市精神品格的体现和展示平台。2024年是上海帆船公开赛首次举办之年，通过举办这项新兴体育赛事，上海得以向世界展示其开放、创新和包容的城市品格。同时，赛事的举办也有助于推动新兴体育产业发展，带动相关的旅游、文化和经济活动。近年来，帆船爱好者数量的迅速增长以及上海帆船活动的日益活跃，展现了帆船运动在中国的持续发展和受欢迎程度的提升。上海作为中国帆船运动的重要发展基地之一，为帆船运动注入了新的活力和动力。举办首届上海帆船公开赛不仅是对发展新兴体育赛事的探索，也是对上海帆船运动发展的推动，赛事的举办为本地帆船爱好者提供了一个展示自己技艺的平台，同时也吸引了更多的人参与到帆船运动中来，促进了帆船运动在上海的普及和发展。

---

[1] 《2023上海赛艇公开赛9月16日至9月17日举办，剑桥、牛津等国际赛艇队来沪同场竞技！》，澎湃新闻，2023年8月17日。

上海在帆船运动的发展中扮演了重要角色。从首届上海杯帆船赛开始，上海就成为中国近代帆船运动的发源地之一。随着时间的推移，上海的帆船运动逐渐发展壮大，并在全国范围内拥有了较大的影响力。20世纪60年代，上海正式成立了帆船组织，这标志着上海帆船运动进入了一个更加规范化、专业化的发展阶段。作为全国帆船运动的先行者之一，上海在培养和推动中国帆船运动的发展中发挥了重要作用。从20世纪80年代起，上海的帆船运动员开始在国际舞台上崭露头角，不仅在亚洲赛场上取得了优异成绩，还在世界各大赛事中获得了不少荣誉，为中国帆船运动的发展赢得了荣耀。2008年和2012年，上海选手徐莉佳在北京奥运会和伦敦奥运会上的表现更是令全球瞩目，她的骄人成绩不仅为上海帆船运动带来了荣誉，也为中国帆船运动在国际舞台上树立了更高的声望，展现了中国帆船运动的实力和潜力。可以说，上海在中国帆船运动的发展史上留下了浓墨重彩的一笔，其丰硕的成果不仅为上海帆船运动的发展增添了光彩，也为中国帆船运动的发展作出了重要贡献。2024年首届上海帆船公开赛的举办有着标志性意义。

综上所述，无论是上海马拉松还是上海赛艇公开赛，还是上海帆船公开赛，这些赛事的发展都是伴随着城市发展而逐渐成熟起来的，二者相互支撑，互为动力。体育与城市发展之间的关系是城市现代化的重要课题之一，也是中国城市化进程中城市发展转型需要面对的议题。[1]作为中国改革开放的排头兵，上海正在向具有世界影响力的社会主义现代化国际大都市迈进，"以赛营城"成为服务这一目标的

---

[1] 王兴乐：《体育与城市现代化的关系研究》，《科技信息》2010年第36期。

重要渠道。进入 21 世纪,随着"一江一河"发展规划的推进,上海各类赛事迎来了新的发展契机。2010 年上海世博会期间,黄浦江两岸的环境大为改善,为水上运动的推广提供了理想的场地。随后几年,上海市政府大力支持各类国际级赛事的引进和举办。2024 年全年举办的赛事数量就多达 178 项,其中既有国际顶级赛事和城市自主品牌赛事,也有长三角区域联动赛事。其中,以上海马拉松、上海赛艇公开赛、上海帆船公开赛为代表的城市景观赛事初步构成了上海自主品牌体育赛事体系,为进一步发展城市体育赛事奠定了良好基础。"三上"品牌赛事的形成标志着上海体育赛事体系影响力的不断提升。上海赛艇公开赛的举办实现了新兴体育赛事品牌在上海的落户,而上海帆船公开赛的加入则进一步丰富了上海体育赛事品牌的种类,增强了其作为国内著名体育城市的吸引力。总体来看,"三上"赛事品牌的塑造与培育为上海建设全球著名体育城市提供了强有力的支撑,不仅提升了城市软实力,而且有力推动了城市各方面的发展。

二、赛事推广与对外传播

借助新媒体平台提升赛事影响力,有助于赛事的推广与宣传和赛事 IP 的打造,"三上"赛事的成功出圈也得益于此,其中重要的经验包括:一是国际化与本土化结合。这些赛事通过与国际体育组织合作,获得国际体育组织认可,从而提升了赛事的国际知名度。例如,上海国际马拉松通过获得国际田联(IAAF)白金标赛事认证,吸引了大量国际顶尖选手和跑者。同时,这些赛事的运行融入了上海独特的城市文化和地标元素，如在赛道设计中展示外滩、东方明珠等地标，增强了赛事的本土特色，吸引了更多本地居民和游客的关注。二是多渠道推广。在推广方面，赛事举办方充分利用了传统媒体和新媒体相结合的优势，实现了全媒体视域下受众最广范围的覆盖。传统媒体如电视、广播和报纸等广泛宣传赛事动态和亮点，新媒体如微博、微信、抖音等主要参与社交平台的实时互动和解说。这种多渠道推广的宣传策略极大地扩展了赛事的传播范围和影响力。此外，主办方邀请知名体育明星和公众人物作为赛事代言人，通过他们的号召力和影响力，吸引了更多人的关注和参与。2024 年上海帆船公开赛的举办方邀请徐莉佳作为形象大使参与了赛事推广，并取得良好效果。三是丰富参与体验。为了增加赛事的趣味性和参与度，赛事设置了多样化的项目和丰富的赛前赛后活动。除了主赛事，还包括训练营、跑步讲座、赛后派对等，增强了参赛者的互动体验和赛事参与感。例如，上海马拉松不仅有全程马拉松，还有半程马拉松、10 公里跑等项目，满足了不同层次跑者的需求。上海帆船公开赛在位于虹口区东大名路 800 号的国际客运中心开设赛事村"上海乐帆天"，并在赛事期间正式开门迎客，活动现场不仅设置了上帆 TV、乐帆码头、乐帆时刻、上帆公益、乐帆空间、帆友集市等不同板块，还举办了上帆中国航海博物馆限定特展，全面辐射全年龄段市民受众。四是大数据赋能。大数据的应用使赛事推广与传播得以精准化，赛事组织方通过大数据分析了解参赛者需求和反馈，不断优化赛事组织和服务，并进行精准营销，提升了推广效果。五是国际合作与交流。通过邀请国际选手参赛和国际媒体报道，这些赛事提升了国际化水平和全球曝光度。2023 年上海赛艇公开赛赛事组委会邀请了包括剑桥大学赛艇队、牛津布鲁克斯大学赛艇队、澳大利亚国家赛艇队等国际顶尖高校队伍与国家队。[1]上海赛艇公开赛吸引了众多国际赛艇队伍参赛，通过国际媒体的报道，使赛事在全球范围内得到广泛关注。

综合来看，上海国际马拉松、上海帆船公开赛、上海赛艇公开赛等赛事在推广与传播方面通过国际化与本土化结合、多渠道推广、丰富参与体验、大数据应用、国际合作与交流等举措，极大提升了赛事的知名度和影响力。这些成功经验不仅使赛事本身取得了显著成效，也推动了全球著名体育城市的建设和体育产业的发展。

三、赛事服务与体验优化

赛事服务的优化与高质量的体验是上海"三上"品牌赛事的共同标签。以人为本的赛事组织是上海近年来品牌体育赛事的共同特点，坚持"以人为本"的核心价值，对于构建城市形象有着重要的意义和影响。[2]赛事基础设施的建设以这一理念为核心，使赛事举办的地点成为更有人气的城市文化新地标和打卡地。以上海赛艇公开赛为例，河道两岸的所有地点都可以成为观赛台，观众可以选择不同的位置和角度欣赏比赛。这种灵活的观赛方式不仅提升了观赛的舒适度，还增加了赛事的参与性和互动性。赛事期间，沿河的公共空间可以被

---

[1]《2023 上海赛艇公开赛 9 月 16 日至 9 月 17 日举办，剑桥、牛津等国际赛艇队来沪同场竞技！》，澎湃新闻，2023 年 8 月 17 日。

[2] 梁伟、徐成立、梁柱平：《以城市事件触媒的视角探析 2010 年亚运会对广州文化软实力的影响》，《体育学刊》2011 年第 1 期。

改造为临时的观赛区、休闲区和文化展示区。赛道两岸可以设置观众看台、临时展览馆、文化展示墙等设施，使得比赛不仅仅是一个体育赛事，更成为一个文化和社交的盛会。通过融赛于景的空间设计，体育赛事成为展示城市形象的一个重要窗口。比赛的直播和报道可以将城市的美景传递给全球观众，提升城市的国际知名度。为了确保观赛过程的安全和有序，赛事举办方安排了专门的工作人员负责引导和秩序维护。观众在观赛过程中可以获得及时的帮助和指引，享受更加舒适和愉快的观赛体验。与此同时，赛事的转播努力实现线上线下全覆盖，既满足了无法到现场观赛的观众居家观赛的需求，也满足了现场观众的需求。这不仅扩大了赛事的影响力，也为展现上海打造人文之城提供了一个重要的平台。

近年来，"三上"赛事的举办与群众休闲体育活动紧密结合，能够满足大众多样化的精神文化需求。上海赛艇公开赛和上海马拉松等品牌赛事不仅是体育盛事，同时成为市民休闲娱乐的重要组成部分。坚持以人为本的赛事组织形式，既能让市民享受优质体育资源，又能让各方参与者有更多的获得感和体验感，[1] 为市民提供丰富的精神文化体验，增强了市民的归属感和自豪感。通过合理的赛事安排和服务，观众、选手和各类参与者都能在赛事中感受到尊重和关怀。"三上"赛事的成功举办，吸引了更多的人参与体育运动，促进了全民健身和健康生活方式的普及。

---

[1] 米中伟、张盛：《新兴体育赛事助力上海全球著名体育城市建设的历程、经验及启示——以上海赛艇公开赛为例》，《成都体育学院学报》2024 年第 1 期。

第二节 内涵拓展：自主赛事品牌的效应释放

"三上"赛事激发了城市消费、旅游业和相关产业链的活力，犹如春风拂面，为城市带来了繁荣的生机，增加了就业机会和税收收入。在文化层面，这些赛事提升了城市的国际知名度和文化软实力，犹如一幅色彩斑斓的画卷，丰富了市民的文化生活，增进了社区的凝聚力和文化认同感，也推动了体育文化的普及和全民健身的蓬勃兴起。在生态环境方面，"三上"赛事的组织者秉持绿色环保理念，推行低碳和可持续的赛事模式，为城市披上了一层绿色的外衣，减少了环境污染和资源消耗，助力绿色发展和生态文明建设，展现了人与自然和谐共生的动人画面。

一、繁荣街市中：绘就创新之城的活力画卷

体育产业作为一种创新生产力可以为经济发展注入活力，"三上"赛事的举办带动了地区经济的发展，促进了相关产业的繁荣。上海马拉松作为一项重要的体育赛事，对地区经济产生了持续的影响。赛事的举办直接带动了消费和投资，吸引了大量的跑步爱好者、观众、媒体和赞助商涌入上海，推动了酒店、餐饮、交通和零售等服务行业的繁荣。参赛选手和游客的住宿需求使得酒店业收入显著增加，而餐饮和零售业也因消费者数量的增加而受益。此外，赛事组织和赞助活动产生的直接支出为相关行业提供了稳定的经济支持。2019 年"上马"赛事创造了超过 3.28 亿元的直接经济效益和 11.45 亿元的间接经济

效益，创造税收 6794 万元。[1] 2023 年上马赛事的直接经济效益达到 7.01 亿元，总产出效应高达 20.12 亿元。[2]

　　上海赛艇公开赛的举办方联合多家企业，通过赞助的方式从资金上助力了赛事的举办，而赛事的举办也扩大了这些企业的知名度，实现了互利共赢。同时，以体育赛事为媒介打造的运动休闲、文化娱乐、商业消费综合体，成为都市人气和烟火气的标志地。除了赛事本身，赛事的举办还可以提供周边的旅游活动和体验，如观光游船、水上运动、河岸漫步等，丰富游客的旅游选择。2021 年，上海赛艇公开赛共吸引了 2 万人次现场观赛，赛事直播观看人次达 449.58 万，短视频平台累计播放量达到 2711 万[3]。2022 年，国内电视直播平台由五星体育升级为东方卫视，赛事媒体报道数量相比 2021 年翻倍。雅虎财经、道琼斯旗下 MarketWatch、晨星网、财经网站 Benzinga，以及亚太地区的每日新闻、《朝日新闻》、门户网站 Infoseek 等境外主流媒体也报道了赛事相关新闻。2023 年，上海赛艇公开赛主办方邀请国际顶尖队伍参赛，吸引了 5 万多名上海市民及各地游客前往苏州河沿岸观赛，带动了餐饮、娱乐、游玩等多项消费，为创新之城建设注入了体育的活力。

二、融汇江河里：描绘人文之城的丰盈篇章

　　人文之城的构建离不开优质体育赛事的支撑。2020 年，上海马

---

[1] 《马拉松是如何"拉"动一座城的》，深圳新闻网，2023 年 10 月 7 日。
[2] 《118 项赛事带动消费 37.13 亿元，这是上海体育的成绩单》，澎湃新闻，2024 年 3 月 1 日。
[3] 《2021 年举办 46 项体育赛事，上海发布年度体育赛事影响力报告》，光明网，2022 年 8 月 19 日。

拉松成为全球唯一一场正常举行并保留大众名额的白金标马拉松，境外电视报道收视人次达到 9.7 亿，赛事受到了《金融时报》和 CNN 等多家国际主流媒体的广泛关注，成为展现中国在疫情防控持续向好背景下活力复苏的一个重要窗口。2023 年，东方卫视和五星体育全程直播了赛事，新浪微博、腾讯体育、上海电信 IPTV、上马官方微博、小红书等多个平台也通过网络直播进行了广泛报道，相关报道超过 9.1 万条，累计阅读量约 4.5 亿。

上海赛艇公开赛的举办提升了城市的知名度与形象，成为城市的新名片，为城市文化注入新元素。水上赛事的举办促进了城市文化的传承与创新，为当地居民和游客提供丰富多彩的文化体验。上海选择赛艇作为重点赛事品牌的打造对象，使城市文化、人文、地理环境与赛事举办相契合，融赛于景的空间设计理念将体育赛事巧妙地融入城市景观，使城市空间的利用超越其原有价值。

在城市化进程中，在核心区域寸土寸金的一线城市，合理规划和利用每一寸空间至关重要。上海赛艇公开赛选择苏州河作为赛道是一个典型案例。苏州河贯穿城市的核心区域，河道两岸的景观丰富多样，既有现代化的高楼大厦，也有历史悠久的建筑群。赛道的选取经过了充分的考量和论证，既满足了比赛的技术要求，也充分展示了上海的城市风貌。为了最大程度地开发水域空间，赛事举办方在赛道的布局上进行了精心设计。通过利用现有的河道资源，不仅保证了赛事的顺利进行，还使比赛成为城市景观的一部分。上海赛艇公开赛的赛道途经一些标志性的建筑和景点，使观众在观看比赛的同时，能够欣赏到城市美景，城市文化脉络与历史人文底蕴得以展现。让市民体验家门口的"生活秀带"，在 80 多公里的城市滨水空间和绿色生态中开展全民健身、享受健康生活，彰显了体育赛事引领新风尚的价值。

上海的帆船活动也日趋活跃、更加普及，青少年培训、大众活动、品牌赛事在上海落地生根，成为上海市民海派生活的新方式。上海是一座具有海的基因的城市，五桅沙船彰显着海的文化，政府通过打造具有标志性的赛事场地和设施，使其成为城市的象征和代表，从而吸引更多游客前来探访和体验，水上赛事空间构建了城市旅游新场景，吸引游客前来观赛和参与互动。通过品牌水上赛事打造城市赛事新地标，不仅可以促进经济发展，提升城市形象，还可以丰富居民和游客的文化生活，推动城市文化的传承与创新。通过水上体育赛事的举办，上海呈现的不再是人们印象中高楼大厦林立的单一文化形象，一个以苏州河、黄浦江为母亲河的带有浓浓海派风情的上海徐徐出现在游客眼中，上海的文化地标因为有水上赛事的带动呈现出更加生动鲜活的样态。

三、徜徉天地间：勾勒生态之城的日常图景

进入高质量发展阶段，上海的城市更新已进入到存量提质增效和增量结构优化协同并进的时期，核心在于空间提升、品质提升、功能提升。推动城市生活更美好、更有活力最需要的是可持续的发展模式，而以体育拓展和丰富城市营造的空间，是世界发达国家推动城市更新卓有成效的经验。巴黎、伦敦、墨尔本等全球著名体育城市均通过构造人本绿色的体育空间、打造多姿多彩的赛事活动和培育新兴时尚的休闲运动，带动周边区域在经济、社会和生态层面的可持续发展，引领社区活力提升，激发产城融合动力，厚植城市文化软实

力。[1]上海是一座因海而生、依海而兴的城市，在向海而强的城市发展进程中，打造兼具竞技性与公众参与性的运动项目和"海派"景观体育，有助于发挥体育在城市更新中的独特价值和巨大潜力，使更多市民和参与者感受城市发展活力。

"三上"赛事在激发城市经济活力和激活城市文化基因的同时，在水陆两栖间拓展着上海打造国际赛事之都的实践维度，为打造以人民为中心的城市体育赛事体系开拓了空间，水上体育赛事和群众性体育活动集聚生态友好、人文美学和潮流风尚于一体，成为展示浦江两岸历史文脉和滨水空间魅力的生动载体。碧水蓝天间的一桨、一板、一人体现了还江于民的参与性和共享性，普通市民在水清滩净、鱼鸥翔集的"一江一河"中体验时尚运动，感受城市中诗意的安居，是讲好人与城市和谐共生的最佳素材。[2]

从全球城市发展的形态来看，当前世界主要都市水岸均已从仓库工厂码头转身为休憩、运动和娱乐空间，水上和水岸等体育休闲空间成为不少全球知名城市的风景地标。"一江一河"公共空间的贯通是上海践行人民城市重要理念的创新成果，有力推动了水岸回归共享性，使其从原来的经济水岸转变为景观水岸和人文水岸。还江于民，打造公共空间只是第一步，持续的活力来自市民对公共休闲空间和都市文化生活的美好向往，核心在于通过创造更加具有参与性和互动性的空间营造机制来构筑可持续发展动能，而大型体育赛事是为城市发展增活力、赋能量、添气度的最佳元素。"三上"赛事的成型标志着

[1][2]　米中伟、张盛：《新兴体育赛事助力上海全球著名体育城市建设的历程、经验及启示——以上海赛艇公开赛为例》，《成都体育学院学报》2024年第1期。

体育日益融入上海城市生产、生活和生态各个维度，"一江一河"沿岸的市民、运动员和各国游客共同体验运动欢乐与激情的场景已经成为创新之城、人文之城和生态之城的日常图景，生动展现着上海奋力谱写深化高水平改革开放、推动高质量发展的新篇章。[1]

第三节　功能拓展：商旅文体融合的行动策略

"三上"赛事通过综合赋能，找寻体育、商业、旅游的融合点，创造出独特的品牌赛事体验，提升城市文化内涵与影响力。依托创新营销策略，上海积极培育文体旅融合商业环境，通过整合体育赛事、文化活动和旅游资源，形成多元化的消费场景，吸引国内外游客和投资者。跨界合作成为推动商旅文体融合的关键机制，通过多方协作，上海打造了一个相互促进、共生共赢的生态系统，进一步推动城市的经济发展和国际化传播。

一、综合赋能：找寻体育、商业、旅游的融合点

"三上"赛事的成功不仅在于其高质量的赛事组织和丰富的体育体验，还在于其对文化、商业和旅游的深度融合，这一策略使得赛事不仅仅是体育竞技的场所，更成为城市文化和经济活力的强大引擎。

[1] 张盛：《打开奥运新方式，"以赛营城"激发城市生长动力》，上观新闻，2024 年 5 月22 日。

通过综合赋能，赛事巧妙地找寻到了体育、文化、商业、旅游的融合点，制定了一系列行之有效的具体方案。

"三上"赛事充分利用城市独特的文化资源，将其融入赛事活动中，赋予赛事鲜明的文化色彩。通过将上海的海派文化、江南风情与现代赛事相结合，赛事活动超越了运动竞技，对城市历史文化进行了深度挖掘与呈现。这种文化元素的植入，不仅提升了赛事的内涵与层次感，也增强了观众和参与者的归属感与认同感，形成了具有上海特色的赛事品牌。

在商业层面，"三上"赛事通过整合各类商业资源，打造多元化的消费场景，进一步扩大赛事的经济效益。在赛事期间，主办方与各大商业品牌、零售商、餐饮服务业等开展合作，推出定制化的品牌活动和促销策略，将赛事转化为带动消费的强大引擎。同时，上海注重品牌赛事的全球传播，通过国际化的赛事推广渠道吸引海内外观众和赞助商，扩大赛事的商业影响力。

在旅游方面，"三上"赛事巧妙地将赛事体验与城市旅游相结合，打造全新的旅游线路和文化体验。赛事期间，游客不仅能够体验到世界级的体育赛事，还能感受上海丰富的文化旅游资源。从城市地标性建筑的参观，到本地美食和文化体验，赛事与旅游资源的联动提供了多层次、多角度的旅游体验。这种跨界融合使上海成为赛事旅游的热门目的地，也使品牌赛事的影响力超越了体育本身，成为城市推广的重要载体。

上海品牌赛事通过综合赋能，实现了体育、商业、旅游的有机融合。这样的策略不仅提升了赛事的综合价值，也推动了城市整体形象的提升。随着赛事品牌的不断发展，上海将继续探索文化与经济的深度融合，为城市创造更多的文化和经济价值，打造一个更具活力和吸引力的全球化都市。

二、创新营销："商旅文体"商业环境的培育

"三上"赛事的举办具有极大的产业发展潜力。通过水上赛事活动，不仅能提升城市的体育文化氛围，还能带动旅游业与体育产业的发展，形成商旅文体融合的全新消费模式。2023年，上海举办了118项国际国内体育赛事，有19万人次参赛，129万人次现场观赛，消费拉动效应明显。赛事共带动消费37.13亿元，其中核心消费7.99亿元、相关消费29.14亿元；同时，赛事共带来49.38亿元的直接经济影响，且间接经济影响显著，其中产出效应128.64亿元，税收效应4.25亿元，就业效应32268个。[1]

上海赛艇公开赛通过与企业的合作，实现了多方共赢。多家企业通过赞助的方式为上海赛艇公开赛提供了重要的资金支持，这些企业包括银行、汽车制造商、体育用品公司等，赞助形式多样，涵盖资金支持、物资供应和技术服务等。企业的赞助不仅保障了赛事的顺利举办，还提升了赛事的规模和品质。银行提供的资金支持可以用于赛事组织、基础设施建设和宣传推广，而体育用品公司提供的装备则保证了参赛选手的竞技水平和安全。赛事的举办为赞助企业提供了广泛的品牌曝光机会，通过赛艇公开赛，企业的品牌形象在赛场内外得到了广泛展示，包括赛艇上的品牌标识、赛场广告牌、比赛直播和媒体报

---

[1] 王辉：《赛事经济热力足　溢出效应显威力》，《中国体育报》2024年4月24日。

道等。这种高频次的品牌曝光不仅提高了企业的知名度，还增强了品牌的市场影响力。通过赛事直播，企业品牌可以触及国内外大量观众，增强品牌的国际认知度。上海赛艇公开赛的举办带动了相关产业的发展，包括旅游、酒店、餐饮、交通等。赛事期间，大量的运动员、教练员、裁判员及观众涌入上海，增加了对住宿、餐饮和交通等服务的需求，直接推动了上海经济的发展。赛事期间酒店入住率的提升、餐饮业收入的增加和交通运输业的繁忙，都是赛事带动经济发展的具体体现。

上海赛艇公开赛以体育为媒介，成功打造了运动休闲、文化娱乐和商业消费的综合体。赛事期间，赛场周边的商业设施如购物中心、餐饮街区和娱乐设施纷纷推出与赛事相关的活动和优惠，吸引了大量市民和游客参与。这些综合体不仅提升了城市的人气和烟火气，还为市民提供了多样化的消费和娱乐选择，增强了城市的活力和吸引力。这些积极的城市形象有助于吸引更多的国内外游客、投资者和企业来到上海，进一步推动城市经济的发展。2024上海帆船公开赛由中国帆船帆板运动协会、上海市体育局、浦东新区人民政府、虹口区人民政府、黄浦区人民政府、临港新片区管委会、东浩兰生（集团）有限公司主办。虽然是首次举办，但上海帆船公开赛仍然吸引了来自社会各界的注意，赛事的举办尤其是黄浦江的巡游表演更是吸引了来自黄浦江两岸游客的驻足观看，赛事的举办面向了国际以及省外旅游市场，形成的品牌溢出效应对于带动旅游业发展有着可观的增长潜力。2024年，除上海赛艇公开赛以及上海帆船公开赛以外，上海市体育局规划通过的水上体育赛事达13项之多（如表3-1所示）。

表 3-1　2024 年上海市水上体育赛事安排

序号	赛事名称	举办时间	举办地点
1	2024 上海邮轮港国际帆船赛	5 月 17 日—19 日	上海吴淞国际邮轮港
2	2024 长三角皮划艇桨板邀请赛	5 月 26 日	闵行区华翔绿地公园
3	第二十届上海苏州河城市龙舟邀请赛	6 月 1 日—2 日	苏州河梦清园水域
4	2024 上海长江龙舟邀请赛	6 月 7 日	西沙明珠湖景区
5	2024 全国青少年皮艇球锦标赛	8 月 24 日—25 日	宝山区美兰湖
6	2024 长三角皮划艇水上马拉松大赛	8 月 31 日	崇明区老滧河畔
7	2024 年中国国际女子赛艇精英赛	9 月 7 日—8 日	奉贤区金汇港
8	第十三届上海世界华人龙舟邀请赛	9 月 11 日—15 日	青浦区朱家角镇
9	2024 第二届千年古镇（松江·泗泾）龙舟邀请赛	9 月 20 日—22 日	松江区泗泾塘
10	"东方绿舟杯" 2024 年首届上海动力冲浪板公开赛	10 月 26 日	青浦区东方绿舟
11	第五届 "桨下江南" 水上马拉松	10 月 5 日	青浦、吴江水域
12	2024 中国国际帆板大师赛	11 月 14 日—17 日	青浦区金泽镇金坞半岛

　　以打造 "三上" 赛事品牌为契机，各类新兴水上体育赛事的举办使水上运动逐渐成为市民体育生活中的重要项目。这些赛事基本形成了以苏州河和黄浦江流域为中心，其他水域为扩展的全面发展样态，城市的活力被进一步激发，赛事的举办与城市的发展形成 "共舞" 的局面，为城市带来了大量的游客资源，拉动了旅游业和体育产业的发展。上海作为中国最重要的经济、金融、贸易和航运中心之一，城市发展与水上体育赛事之间形成了紧密的互动关系。水上体育赛事不仅丰富了上海的体育文化生活，还促进了城市基础设施建设、旅游业发展和国际影响力的提升。

三、跨界合作：构建商旅文体融合机制

上海国际马拉松、上海赛艇公开赛、上海帆船公开赛在建立跨界互动机制方面，涵盖了体育、旅游、文化和商业等多个领域，形成了一个多维度的综合平台。鼓励体育、旅游、文化等部门的协同合作，通过吸引社会资本参与，共同推动产业发展，使得商旅文体协同发力的赛事举办机制显现出强大的活力。这些赛事不仅是单纯的体育竞技活动，更是城市形象推广的重要工具。通过将体育赛事与城市旅游资源相结合，赛事组织方有效提升了上海的旅游吸引力。每年的上海马拉松都吸引了大量国内外参赛者和观众，他们不仅参加比赛，还利用这一契机探索上海的名胜古迹、品尝地道美食，推动了本地旅游业的发展。

海派文化元素的融入是"三上"赛事跨界互动机制中的重要方面。上海马拉松的赛道设计将多个历史文化地标串联起来，让参赛者在奔跑过程中感受城市的文化底蕴。赛艇和帆船赛事同样如此，比赛场地多选在富有文化气息的江河湖泊周边，通过赛事活动，观众和参赛者能够欣赏到上海的自然风光和人文景观，海的基因与海派气质相互交织，成为可以阅读的文化。为了增强赛事的文化内涵，赛事期间还举办了各种文化活动和展览，如音乐表演、艺术展览和文化讲座，丰富了赛事的文化体验。商业合作也是赛事跨界互动机制的重要组成部分，通过与各大品牌和企业的合作，赛事得到了充足的赞助和支持。这不仅提升了赛事的运营质量，也为品牌提供了展示和推广平台。赛事期间，品牌方可以通过设置展台、提供产品体验和赞助奖品等方式，直接接触目标消费群体。商业合作还延伸到赛事的周边产品

和服务，如专属的赛事纪念品、定制的运动装备和高端的住宿餐饮套餐，这些都为赛事增添了商业价值。

2022 年，国家体育总局就我国水上运动项目出台了《户外运动产业发展规划（2022—2025 年）》（以下简称《规划》），为水上运动产业指明了发展方向。《规划》指出各地区水上体育赛事的举办应该以具有优良水域资源的地区为主，同时需要结合当地历史文化，做到商旅文体的协调发展。[1]"三上"赛事的发展为我国其他地区的商旅文体融合发展带来了启示。政府系统性的规划对于体育赛事的发展至关重要，打造融合的品牌化体育赛事体系需要挖掘城市的历史文脉，并将其与体育、文化、旅游、商业元素结合，形成独特的标识。上海马拉松、上海赛艇公开赛、上海帆船公开赛通过建立跨界互动机制，形成了一个多赢的局面，体育赛事不仅推动了旅游和文化发展，还带动了商业的繁荣。同时，文化和旅游元素的融入提升了赛事的吸引力和体验质量，商业合作为赛事提供了有力的支持和资金保障。通过跨界互动，上海成功打造了具有国际影响力的品牌赛事，提升了城市的国际知名度和美誉度，也为推动城市高质量发展提供了新的思路。

---

[1]《体育总局，发展改革委，工业和信息化部，自然资源部，住房城乡建设部，文化和旅游部，林草局，国铁集团关于印发〈户外运动产业发展规划（2022—2025 年）〉的通知》，中国政府网，2022 年 10 月 25 日。

第四章
上海打造"全球电竞之都"的实践探索

　　自电子竞技被列入"十三五"文化产业发展规划以来，上海积极探索"全球电竞之都"建设路径，相关产业呈现出有影响、有潜力、有产值、有税收的良好态势。近年来，上海"全球电竞之都"建设初见成效，"文创50条""电竞20条"及各区发布的相关政策吸引了众多国内外知名电竞企业和俱乐部入驻，上海电竞产业规模约占全国五分之一。经过十余年的发展，凝聚了数字技术、竞技体育、传媒文化等诸多要素的电竞产业已成为数字经济产业的重要组成部分，是上海全力打造"国际数字之都"战略部署中无法忽视的文化产业新业态之一。

第一节　从兴起到国际领先：上海电竞赛事发　　　　　展历程

　　体育产业多以竞技赛事为核心构建核心层、外围层和相关产业层，电竞观众和游戏玩家对电子竞技商业化的第一层认同就是赛事认同，而电竞赛事的商业化是整条产业链的核心，为电子竞技开发了更广阔的市场。多年来，上海电竞行业成熟度与关注度不断提高，作为中游产业的电竞赛事运营对上游游戏开发和下游内容传播及衍生行业产生巨大影响，是实现用户和商业价值增值的重要一环。

一、雏形初现：上海电子竞技的兴起（2000 年之前）

20 世纪 90 年代末，随着互联网的普及和计算机技术的进步，电子竞技在全球范围内开始萌芽，上海作为中国的前沿城市，迅速接触并接受了这一新兴事物。1995 年，国内首个网吧"3C+T"在上海诞生，这个新兴的休闲娱乐场所成为年轻人的聚集地。网吧这种小型公共空间给游戏组队提供了极大便利，一群好友相约开战的新型社交活动逐渐流行。网吧成为彼时最主要的电子竞技活动场所，也成为电竞的发源地。这一时期的电竞赛事多为爱好者自发组织，规模小、缺乏监管，以娱乐为主。

1998 年，暴雪公司的《星际争霸》引入中国并迅速流行起来，上海也不例外。在千禧年代的网吧中，《星际争霸》的对战逐渐成为一种潮流，初步形成了电子竞技的雏形。随后，《反恐精英》《魔兽争霸》等游戏相继推出，进一步推动了上海电竞的发展。彼时，网络游戏已经成为所有网吧电脑中装载游戏的代名词，其本身却是一个模糊不清的泛指概念，几乎所有的游戏都可以称作网络游戏。在此阶段，几款主流游戏组成了上海电子竞技的启蒙运动图景。尤其是《反恐精英》强调团队配合，队友们各司其职，协同作战，由此团队合作也成为电子竞技脱离网络游戏的重要理由。具体而言，一方面，包括《反恐精英》等一批日后成为电竞项目的联网游戏确实符合"网络游戏"的统称；另一方面，网络游戏内部也存在基本形式的区分，《反恐精英》等一批竞技性、配合性更强的游戏借助"电子竞技"的概念开始脱离"网络游戏"。

二、持续升温：政策支持与上海电竞产业发展（2000— 2010 年）

进入 21 世纪，电子竞技在上海迎来了重要的发展机遇。2003 年，国家体育总局将电子竞技列为第 99 个正式体育项目，这标志着电子竞技正式走上了舞台。上海迅速响应政策号召，开始了电子竞技的规范化和产业化发展。

2004 年，上海作为分赛区成功举办了"世界电子竞技大赛（WCG）"，这是中国第一次承办大规模的国际电竞赛事。WCG 的成功举办大幅提升了上海在全球电竞行业的知名度，使上海成为国内外电竞赛事的重要举办地，吸引了大批电竞爱好者和职业选手的关注，进一步推动了上海本土电竞产业的发展。同年，"游戏风云"频道在上海成立，作为游戏类付费电视频道的领头羊，"游戏风云"频道十分重视电竞赛事，并组织举办了"全国电子竞技电视联赛（G 联赛）"，为上海电竞产业的发展注入了强大的热情与活力。时至今日，"游戏风云"的部分工作人员依旧活跃在电竞行业中。2005 年 6 月 19 日，首届"StarsWar 国际明星邀请赛"在上海卢湾体育馆举行，邀请全世界顶级的 WAR3 选手来上海参加比赛，在电竞并不那么为人熟知的当时就吸引了 4000 多位观众到场观看。

在这一时期，上海出现了多家专业电竞俱乐部，如 WE、AG 等。作为中国最早一批电竞俱乐部，WE 俱乐部成立后多次夺得 WCG《魔兽争霸 3》项目冠军，而 AG 俱乐部在 2001 年 WCG 世界总决赛星际争霸项目中由马天元与韦奇迪组成的组合成功夺得冠军，这是中国电竞史上的第一块金牌。这些俱乐部在国内外比赛中取得了优异的成绩，在为上海电竞培养了大量优秀电竞选手的同时，成功推动了电竞文化在上海的传播和普及，为日后上海电竞赛事的发展带来了无穷动力。

三、高速发展：电竞地标城市的崛起（2010 年至今）

2016 年，国家发展改革委、教育部、工业和信息化部等 24 个部门制定了《关于促进消费带动转型升级的行动方案》，鼓励"开展电子竞技游戏游艺赛事活动"；2017 年 4 月，文化部发布的《文化部"十三五"时期文化产业发展规划》明确支持发展电子竞技新业态；2021 年 5 月，文化和旅游部发布《"十四五"文化产业发展规划》，提出要促进电子竞技与游戏游艺行业融合发展；2023 年，中央广播电视总台成立国家电子竞技发展研究院；同年，电竞首次作为正式比赛项目亮相杭州亚运会。目前，全国已有三十多个省市针对辖区内电竞产业发展出台了相关支持性或规划性政策，助推其蓬勃发展。

自 2010 年以来，上海进一步加大了对本土电子竞技的支持力度。2017 年，上海市政府发布《关于加快本市文化创意产业创新发展的若干意见》，明确提出要大力发展电子竞技产业，加快建设"全球电竞之都"。政策的支持为吸引电竞赛事落地提供了坚实的保障，目前全国每年有近一半的电竞赛事在上海举办。

浓厚的电竞文化氛围、强大的观赛用户基础以及资本的卷入，让上海赢得越来越多的顶级赛事举办权，许多全球范围内的顶尖电竞赛事相继在上海举办，进一步推动了本地电竞产业的繁荣与发展。2012年"《星际争霸2》世界锦标赛"系列赛（WCS）亚洲锦标赛在上海世博园区世博大舞台举行；2015年，首届"DOTA2亚洲邀请赛"在上海正式拉开帷幕，此后上海多次承办这一重要赛事；2016年，上海举办了首届"中国电子竞技嘉年华"，吸引了众多电竞爱好者和业内人士的关注，成为上海电竞发展史上的又一个里程碑；随后，上海举办了多届"中国国际数码互动娱乐展览会"（ChinaJoy），进一步提升了上海在全球电竞领域的影响力；2019网易电竞NeXT春季赛落地上海，参赛产品众多，为上海电竞增添了新的活力；2020年，全球最具影响力的电竞赛事之一"《英雄联盟》S10总决赛"成功落地上海，来自世界各地的顶尖战队齐聚，吸引了数百万观众的关注；同年9月，"上海龙之队"在上海成立，作为守望先锋联赛（OWL）中的参赛队伍，他们带着上海的名字多次在国际舞台上大放异彩。

2021年，由上海市体育总会、静安区人民政府共同主办的全球首个以城市命名的电子竞技赛事——"上海电竞大师赛"拉开帷幕，时至今日已成功举办三届，成为城市电竞赛事的典范。在上海电竞大师赛中，多个顶级电竞项目如《英雄联盟》《DOTA2》《反恐精英：全球攻势》等都被纳入其中，吸引了全国的战队和选手参赛。这些赛事通过直播平台向全球观众转播，进一步扩大了上海电竞的影响力和覆盖面。此外，上海电竞大师赛还融合了展览、互动体验等多种形式，为观众提供了全方位的电竞体验，展现了上海强大的科技实力和创造力。2023年7月，全球电竞大会在上海举行，以国际化的视野向世界展现了上海电竞以及中国电竞发展的决心，为世界电竞产业发展贡献中国智慧。

2024年，"《无畏契约》大师赛"落地上海，这是首个在中国举办的《无畏契约》国际大赛。作为一项国内全新的赛事，2024"《无畏契约》上海大师赛"的火热程度从线上售票情况就可见一斑，每场赛事的门票上线即售罄，总决赛现场更是座无虚席。赛事期间，上海展示了其卓越的赛事组织能力和先进的电竞基础设施，进一步巩固了其作为全国电竞中心的地位。与此同时，赛事的举办也为上海带来了显著的经济效益和社会效应，大量的电竞爱好者前来观赛，带动了旅游、餐饮、住宿等相关产业的发展。

这些电竞赛事的成功举办，不仅展示了上海在电竞赛事组织方面的能力，提升了上海在全球电竞城市中的知名度，吸引了许多国际顶尖电竞选手和团队关注上海，体现了国际电竞组织对上海办赛能力和影响力的高度认可，也标志着上海作为电竞地标城市在全球电竞舞台上的崛起。

在国内赛事方面，目前国内诸多大型电子竞技赛事的常规赛、总决赛，如《英雄联盟》《王者荣耀》《永劫无间》等均在上海举办，从侧面展现了上海坚实的基础设施，也能够为加快建设全球电竞之都、盘活电竞产业添砖加瓦。同时，上海一直在大力发展高校联赛和全民电竞，多年来成功举办众多赛事，办赛主体包括各大电竞项目主办方、电子竞技第三方公司、上海电子竞技运动协会等，推动了上海电竞热度不断攀升。

　　虽然上海电竞赛事取得了突飞猛进的发展，但仍存在自主研发、主导的具有国际影响力的顶级赛事品牌较少的问题。上海虽然已经成为众多世界级电竞比赛的首选之地，但原创的电竞赛事品牌并不多，上海电竞大师赛等原创赛事的国际影响力尚待提升。同时，上海缺乏世界级综合电竞俱乐部，现有俱乐部的业务结构较单一。在188家国内电竞俱乐部中，仅参加单种赛事的俱乐部占比64.6%，参加2种赛事的占比12.1%，参加3种赛事的占比9.1%，参加3种以上赛事的占比14.2%。[1]可见，半数以上俱乐部受限于单一游戏项目，俱乐部的业务结构较单一，缺乏具有世界影响力的综合电竞俱乐部。

第二节　从政策引导到行业蝶变：上海电竞生态链的升级与完善

　　党的十八大以来，以习近平同志为核心的党中央作出建设"数字中国"的战略决策。2021年是"十四五"规划开局之年，中央进一步明确强调"打造数字经济新优势，协同推进数字产业化和产业数字化转型"的整体性目标。对于上海而言，2020年底正式发布的《关于全面推进上海城市数字化转型的意见》标志着上海打响了建设具有世界影响力的"国际数字之都"的"发令枪"。2022年6月，上海市人民政府办公厅印发《上海市数字经济发展"十四五"规划》，再次为数字经济发展设定目标："到2025年底，上海数字经济发展水平稳

---

[1]　中国音像与数字出版协会：《2023年度中国电子竞技产业报告》，2023年12月20日。

居全国前列，增加值力争达到 3 万亿元，占全市生产总值比重大于60%，产业集聚度和显示度明显提高，高潜力数字新兴企业加快成长，高水平数字消费能级不断跃升，若干高价值数字产业新赛道布局基本形成，国际数字之都形成基本框架体系。"

《上海市社会主义国际文化大都市建设"十四五"规划》明确提出，"提高文化创意产业数字创造力，加快推动电竞游戏等数字文化领域发展，力争在电竞领域形成世界级影响力""打造全球电竞之都，做强全球电竞大会、上海电竞周等本土电竞赛事品牌，力争使电竞产业成为上海一张新名片"。自此，上海电竞在原创内容创制和 IP 授权、专业人才培养评价体系建设、壮大发展头部电竞企业等方面从高速发展阶段开始进入高质量发展阶段。

一、政策引领凸显上海电竞产业集聚效应

作为中国最重要的电竞城市之一，上海近几年先后发布多项政策大力支持电竞行业的发展，是全国电竞政策标准的策源地。在市委、市政府及各区相关政策的引领和指导下，电竞相关产业的议程级别更为独立，行业主体性地位凸显，产业发展规划更为细化也更具针对性和可操作性。"发挥优势，统筹谋划，突出国际性、高端化，强化聚集效应"是"加快全球电竞之都建设"的重要战略部署，国际性、高端化的电竞聚集区建设是上海电竞产业保持先发优势和领先地位的重中之重。经过多年努力，上海依托部分已有较好电竞基础的区域，积极推动重点电竞园区专业化、品牌化、特色化发展，打造具有区域特色的电竞产业集聚区，形成了较为合理的产业布局。

近年来，上海将电竞融入城市发展战略，"电竞经济"表现亮眼，随着头部电竞企业、俱乐部和赛事接连落沪，电竞产业聚集区示范效应凸显，"去上海"已成为电竞公司和从业者的共识。静安区灵石路珠江创意中心是上海互联网电竞企业的重要汇聚区，被业界誉为"宇宙电竞中心"；"上海电竞中心"2025年将在虹桥国际中央商务区闵行片区开业，构建全球电竞文创生态圈。从上游制作研发企业的腾竞体育、动视暴雪等企业，到赛事运营制作巨头的英雄体育、网映文化等企业，再到超竞EDG、京东JDG、GEN.G等头部俱乐部，以及小象大鹅、七煌原初、奈斯电竞生活馆等众多电竞生态延展机构，共同构成了较为丰富完备的产业链条。上海探索出台了《电竞场馆建设规范》团体标准，推出首批入选评级的电竞场馆，分A、B、C、D四类，包括梅赛德斯—奔驰文化中心、东方体育中心、主场ESP电竞文化体验中心、静安体育中心、网易暴雪游戏电竞馆、静安量子光电竞中心、杨浦火柴电竞馆等场馆，为全国提供了规范电竞场馆运营的"上海经验"。

2023年上海举办了全国25.5%的线下赛事，高出第二名北京近18个百分点，领先优势明显；全国188家电子竞技俱乐部中有52家位于上海，45%赛事收入和54%俱乐部收入来自上海，均居全国之首。《2023全年度电子竞技俱乐部互联网影响力排行榜》显示，排名前20的俱乐部中上海占了8个席位。纵观发展现状，近年来上海电竞产业依托经济和政策等综合资源优势，表现出良好的上升态势。通过重点电竞产业集聚区建设，推动地区发展的专业化、品牌化和差异化，成为上海数字新经济的增长点和爆发点。

目前上海已制定和实施了一系列促进影视产业发展的供给型、需求型和环境型政策，为产业发展提供了坚实基础和良好发展环境。但目前上海游戏电竞相关政策主要以统筹规划的供给型政策以及监督管理的环境型政策为主，效果导向的需求型政策相对较少（见表 4-1）。同时，目前电竞政策基本由市区两级政府发布，政策间的协同联动机制还有待完善。

表 4-1　近年上海游戏行业产业相关政策概览

政策构成	政策分类	名称	年份	部门
供给型政策	指导纲要	《关于加快本市文化创意产业创新发展的若干意见》（简称"上海文创 50 条"）	2017	中共上海市委、上海市人民政府
		《全力打响"上海文化"品牌加快建成国际文化大都市三年行动计划（2018—2020 年）》	2018	中共上海市委办公厅、上海市政府办公厅
		《静安区全力打响"上海文化"品牌加快建设国际文化大都市核心区三年行动计划（2018—2020 年）》	2018	中共上海市静安区委办公室、上海市静安区人民政府办公室
		《关于促进上海动漫游戏产业发展的实施办法》	2018	中共上海市委宣传部、上海市文化广播影视管理局、上海市发展和改革委员会、上海市教育委员会、上海市科学技术委员会、上海市财政局、上海市人力资源和社会保障局、上海市规划和国土资源管理局、上海市国家税务局、上海市地方税务局、上海市新闻出版局、上海市体育局、上海市金融服务办公室 13 个部门
		《闵行区文化创意产业发展三年行动计划（2018—2020 年）》	2018	中共上海市闵行区委、上海市闵行区人民政府

（续表）

政策构成	政策分类	名称	年份	部门
供给型政策	指导纲要	《闵行区加快推进文化创意产业发展若干意见》(简称"闵行文创20条")	2018	中共上海市闵行区委、上海市闵行区人民政府
		《静安区电竞产业发展规划》	2019	上海市静安区人民政府
		《关于共同推进电竞产业发展的战略合作框架协议》	2019	上海市静安区人民政府
		《关于促进上海电子竞技产业健康发展的若干意见》(简称："电子竞技产业健康发展20条")	2019	中共上海市委宣传部、上海市文化和旅游局、上海市体育局
		《杨浦区关于促进电子竞技产业健康发展的实施办法》	2019	上海市杨浦区人民政府
		《上海市普陀区加快发展电竞产业实施意见（试行）》	2019	上海市普陀区文化和旅游局
		《静安区关于促进电竞产业发展的实施方案》	2020	上海市静安区商务委员会
		《闵行区文化创意产业发展三年行动计划（2021—2023年）》	2020	闵行区文化创意产业推进领导小组
		《全力打响"上海文化"品牌　深化建设社会主义国际文化大都市三年行动计划（2021—2023年）》	2021	上海市委办公厅、上海市政府办公厅
		《上海市体育发展"十四五"规划》	2021	上海市人民政府办公厅
		《静安区关于促进影视、电竞产业发展的实施意见》（简称"两电一新静九条"）	2021	上海市静安区文化和旅游局
	资金扶持	《上海市静安区促进电竞产业发展的扶持政策（试行）》	2019	上海市静安区发展和改革委员会、上海市静安区商务委员会
		《徐汇区关于加快推进文化创意产业发展的扶持意见》	2022	徐汇区文化和旅游局

（续表）

政策构成	政策分类	名称	年份	部门
环境型政策	环境规范	《上海加强属地网络游戏管理的"沪七条"》	2021	上海市委宣传部、市委网信办、市文旅局、市通管局等部门，联合发布
		启动国产网络游戏属地管理试点	2014	上海市
	法律法规	《上海市电子竞技运动员注册管理办法》	2018	上海市电子竞技运动协会

二、"上海出品"展现城市文化与科技创新

　　上海通过政策引领和资金支持，为游戏电竞行业在上海创新、健康、有序发展创造了良好条件。上海游戏产业的快速发展，为国内的游戏行业树立了标杆，加速形成了"全国游戏看上海"的产业局面，在提升城市创新力、推进城市软实力建设方面扮演着越来越重要的角色。随着研发投入的增加和业务领域的拓展，上海游戏电竞企业在内容创新、前沿技术的研发和应用等方面都取得了一定的成果。

　　电竞游戏的参与者以青少年群体为主，在体现价值观、生活方式的同时，电竞游戏也逐渐影响现实生活中的方方面面，形成具有时代特点的文化样式。游戏的社交属性影响着青年人的惯性行为逻辑，在符号化、竞赛性、仪式性等方面对青年人产生着巨大的吸引力，电竞游戏产品已经成为文化娱乐产业和青年文化的重要形态之一。文化属性是游戏产品重要的"软实力"，作为上海城市文化建设的重要品牌，游戏产业的飞速发展不仅是近年来上海带给中国乃至国际相关行业的新惊喜，也体现出中华优秀传统文化要素在海派语境中的创造性转化

和创新性发展。例如,《江南百景图》向玩家展示了以董其昌、沈周、文徵明、仇英、唐伯虎等人为代表的"吴门画派",与各种非遗技艺、江南景点高频联动,为早期海派艺术创造出了"现代电子版";上海出品的游戏《原神》,围绕戏曲文化推出的唱段《神女劈观》由上海京剧院演员杨扬配音演唱,其 13 种语言版本在全球范围内 170 余个国家和地区发行。越来越多的国产游戏产品在传承优秀传统文化领域践行其社会责任,通过"国风""国潮"提升游戏文化出海的传播力,也让上海出品的网络游戏成为传播中华文化的新兴载体,为讲好中国故事和上海精彩作出积极贡献。米哈游的《原神》在移动平台的总营收超过了 50 亿美元,并着手布局电竞赛事;巨人网络的《球球大作战》和沐瞳的《MLBB》等电竞产品在风靡海外市场的同时,也通过游戏 IP 让全球用户感受到中华优秀传统文化和数字文化产品的魅力。

中华文化博大精深,源远流长,还有更多的文化宝藏值得游戏企业去挖掘,用游戏讲好中国故事。弘扬中华优秀传统文化,应成为上海游戏产业的重要研发方向。放眼全球,上海游戏企业应利用游戏天然的互动性和丰富性,在形式和内容上不断创新,通过游戏的议程和内容设置,用青年人更容易接纳的方式把中华优秀文化元素镶嵌于其中,满足全球各类青年群体对游戏工具取向、价值取向、情感取向和休闲取向的多元需求。游戏作为中华文化出海的新载体,在向全球传播中华优秀文化的同时,不但能够助力提振中国青年的文化自信与民族自豪感,而且也向世界展示了中国理念、中国精神和中国道路。

在注重文化植入与传播的同时,上海电竞也持续不断地推进科技创新。近些年,上海电竞游戏头部企业正全方位发展与游戏相关的游戏引擎、图形渲染、人工智能、动作捕捉、云技术游戏、虚拟现实、感知交互等先进技术。米哈游、莉莉丝、鹰角网络、叠纸游戏等具有较高自研实力的企业将高新技术应用到游戏开发的各个环节，在 NPC 设计、内容生产、玩家体验和测试优化方面利用新技术提升了开发效率，促进了玩法创新，带动上海自研游戏市场整体上涨。此外，拳头游戏、Unity 中国、育碧中国等全球知名企业在上海成立研发中心，加速推动上海电竞自研实力提升。

目前，上海电竞产业与人工智能的融合创新仍有待深化。人工智能与电子竞技同属数字经济产业，两者间的能级转化效率还有很大提升空间，目前两者的融合还处于初级阶段。同时，要推动 AI、VR、AR 等新兴技术在电竞比赛、商业模式、用户体验等方面的创新应用，支持电子竞技与游戏游艺行业的深度融合，通过与智能装备、数字流媒体等新设备的结合，积极开拓新模式、新空间、新场景，更好地发挥人工智能对电子竞技产业的引擎推动作用。

三、结构优化加速上海电竞产业链闭环形成

电竞作为竞技体育的新兴模式，依托于数字技术和互联网的天然属性，能够迅速吸纳年轻群体，同时成为文化推广和文化交流的重要载体。上海在布局电竞产业、构建产业链条的过程中，完备的赛事体系及相关 IP 在其中扮演了重要角色。

电竞产业在上海、深圳、北京、广州等头部城市的植根与壮大，得益于肥沃的电竞土壤、优厚的扶持政策、丰富的配套基础设施，以及城市的消费水平、国际化都市的资源、电竞赛事承办能力和原创电

竞内容制作等多方面的优势，使其在引进和举办赛事的过程中更加从容。同时，城市通过融合电竞与文旅，结合商业圈落地电竞活动发展数字经济，将电竞与城市特色文化结合，使赛事庞大的流量成为城市文化的重要宣传渠道。在政策和市场的双重驱动下，上海的电竞产业逐渐形成了完整的生态链。从上游的游戏开发、硬件制造，到中游的赛事组织、俱乐部运营，再到下游的媒体传播、教育培训，上海电竞产业的发展日益成熟，为未来发展提供了坚实的基础。

同时，上海也在积极探索电子竞技中更受国际奥委会推崇的虚拟体育赛事。久事体育集团旗下的上海久事智慧体育有限公司正在运营的头部体育电竞项目包含 F1 电竞中国冠军赛和上海虚拟体育公开赛，旨在利用头部 IP 优势和技术优势，赋能体育生态圈，助力城市体育消费升级，形成面向 Z 世代的体育消费时尚。

2023 年，中国电竞产业收入 263.5 亿元，其中内容直播收入占比达到 80.87%，赛事收入、俱乐部收入、其他收入占比分别为 8.59%、6.42%、4.12%。[1] 体育产业多以竞技赛事为核心构建核心层、外围层和相关产业层，虽然上海电竞行业成熟度与赛事项目的用户关注度不断提高，但整体收入格局显得"头重脚轻"，产业链环节话语权和收入规模仍有优化空间，商业价值释放有限，特别是中下游产业有待进一步开发。因此，在利用相关政策积极引导、鼓励支持优质电竞游戏产品研发的同时，上海正在重点加强以电竞赛事为核心的电竞行业中下游产业链的重点赛道建设，实现经济效益和文化效益双增长。上海近年来持续推进电竞文化创意产业园区的建设与升级，在赛事体系

---

[1]　中国音像与数字出版协会：《2023 年度中国电子竞技产业报告》，2023 年 12 月 20 日。

建构、俱乐部建设、电竞直播、电竞营销和技术创新等方面拓宽发展空间，进一步加强产业聚集。具体而言，鼓励电竞场馆举办大型电竞赛事，并给予资金扶持；鼓励电竞研发、培训、直播等相关企业、项目、俱乐部等全产业链条入驻产业园；重视电竞俱乐部的生存与发展问题，引导俱乐部积极开发商业价值，赋能综艺、影视等新样态，向多元业态文化综合体转变，推动跨行业联动，挖掘 IP 潜能；引导电竞赛事借鉴传统体育赛事成熟的商业模式，释放电竞赛事的泛娱乐商业价值。

作为产业良性发展重要一环，上海正在积极推动电竞教育和人才培养。上海多所高校开设了电竞相关专业，培养了大批专业人才。目前已有上海体育大学、上海师范大学、上海戏剧学院、上海城建职业学院、上海电子信息职业技术学院、上海电影艺术职业学院、上海震旦职业学院、上海市商贸旅游学校、上海市行政管理学校等十余所院校开设了电竞相关专业或培养方向，涵盖本科、高职、中职等培养层次；此外，钥浪电竞、超竞教育、东方星光电竞等社会培训机构，也开设了相关专业内容培训。各院校、机构结合自身特点和优势，制定了相应的人才培养目标，积极探索培养与实训模式，人才培养初具规模。目前，各院校根据各自现有的教学资源和优势学科，设置了诸多电竞相关专业，涵盖游戏开发、电竞解说、电竞赛事策划与执行、电竞企业运维和管理、电竞数据分析、电竞内容制作与传播、电竞舞台设计、电子竞技运动与管理等等。专业设置正在逐步覆盖游戏研发、赛事组织运营、赛事传播等电竞全产业链的上中下游，课程设置大多兼顾综合素养和专业能力。在稳步推进电竞专业学历教育的同时，逐步打通中高职、中本和高本贯通长周期贯通培养路径。目前，上海电子信息职业技术学院联合上海市群星职业技术学校设有电子竞技运动与管理中高职贯通专业点。此外，借"电竞入亚"，利用主流媒体加强科普和正向宣传，提高公众对电竞的正向认知，快速推进上海电竞人才培养体系的构建，有助于扭转公众对电竞行业和相关职业的误解和偏见。

第三节　从模式创新到空间拓展：上海电竞赛事消费场景探索

城市数字化转型是人民城市建设的重要推动力，作为新兴经济增长点，顶级电竞赛事不仅能够助推上海数字产业升级、打造"国际数字之都"，而且在激活消费新场景、传播城市文化、活跃青年社区、提升城市国际知名度和影响力等方面起到积极作用。上海将以习近平新时代中国特色社会主义思想为指引，全面贯彻落实党的二十大精神，建设习近平文化思想最佳实践地，打造文化自信自强的上海样本，紧扣上海打造世界级文创产业创新策源地的重点任务，高水平推进全球电竞之都建设，努力推动电子竞技从"入亚"到"入奥"，推动电竞产业成为"千亿级"规模产业。

一、"数实融合"助力城市经济发展

中国数字经济已迈入发展"黄金期"，"数实融合"成为数字经济和实体经济共同的新增点。数字技术与实体经济的深度融合，不仅仅局限于技术层面，更涉及生产方式和业务模式的全面革新。电竞不仅是大数据、人工智能等技术的场景化应用，更是推动经济增长的抓手之一。在政策的支持下，上海电竞产业高质量发展将积极助力城市经济建设。

上海拥有优秀的电竞赛事资源和出众的赛事量级，早在 2017 年，上海就以打造电竞赛事高地为核心，将电竞产业作为经济提升的重要引擎之一，提出打造"全球电竞之都"的产业蓝图。截至目前，上海是国内发布电竞政策文件最多的城市。继上海市推出促进电竞产业健康发展 20 条意见后，浦东新区、杨浦区、静安区、闵行区等也出台电竞产业发展政策，从资金扶持、赛事举办、电竞人才引进等方面为电竞企业提供支持，进一步提升电竞产业集聚度，协力打造"全球电竞之都"。例如，静安区以电竞产业为核心，颁布了《上海市静安区促进电竞产业发展的扶持政策（试行）》，从企业集聚、人才引进、原创能力提升、场馆建设、赛事活动等方面支持电竞企业发展；杨浦区鼓励多元内容融合的数字 IP 产业，《杨浦区促进文化创意产业发展的若干政策》中提出，"鼓励将国内优秀原创动漫、影视、文学等作品改编为游戏电竞内容和产品"。2023 年上海网络游戏实现销售收入 1445.3 亿元，同比增长 12.9%，全国占比超过三分之一；其中，国内收入 1190.1 亿元，同比增长 14.8%，海外收入 36.245 亿美元；2023 年国内 1/4 线下赛事在上海举办，上海电子竞技赛事收入占全国 47.3%，位居全国第一。

上海电竞赛事与科技、文旅、文创等产业实现创新融合，激活了"电竞 +"消费新场景。电竞赛事与不同的实体产业相融合，为实体经济带来新的合作模式和可能，"游戏 + 文旅"的模式构建数字 IP

消费新场景，助力新消费模式蓬勃发展；传统企业借助游戏赛事触达Z世代群体，实现IP的再创新和企业的数字化转型；酒店、餐饮商家通过与游戏品牌的联动带来曝光及消费转化。目前电竞在整个上海的文化产业中占比较高，产值赶超了电影、话剧、音乐剧等传统文化产业。

二、以赛事为核心的电竞产业生态圈培育城市消费新场景

体育赛事对消费拉动效应明显，巴黎奥运会进一步点燃了全民运动热情，线下运动场馆预定和运动器材销售火爆，冠军同款球拍、背包甚至发卡、拖鞋销量暴涨。当下，电竞用户规模已经见顶，"跨界融合"将是电竞产业新的经济增长点。除常规的现场和线上观赛之外，目前超40%的电竞用户期待电竞相关短视频、动漫和综艺等线上文娱活动；超35%的用户对电竞主题体验馆、电竞主题展览活动、电竞游乐园等相关线下场景持有消费意愿。越来越多的城市和电竞赛事组织机构通过"电竞＋新消费"模式，推动电子竞技赛事活动、电竞IP等资源与线下实体零售空间的结合，打造"电竞商业综合体"，创新电了竞技的赛事运营与商业运营。

消费是经济增长的持久动力，以赛事拉动消费、实现电竞收入来源的多元化、促成电竞行业商业变现，是"后亚运时代"上海电竞发展的关键。国务院发布的《关于促进服务消费高质量发展的意见》提出，激发体育消费活力，"引导各地推出特色鲜明的群众性体育赛事活动"；2024年3月，国家体育总局、商务部、文化和旅游部

共同开展"体育赛事进景区、进街区、进商圈"活动，旨在充分释放消费潜力，而智能健身与虚拟体育将是探索体育消费新场景的重要路径。体育消费主要集中在年轻群体，与数字文化高消费群体重合。他们对新鲜事物接受快，追求高品质、沉浸式体验，有自己钟爱的虚拟文化群落。相较于传统体育，虚拟运动装备、智能穿戴设备、内容服务、周边产品以及沉浸式运动场馆等具有高科技感和创新性特征，与年轻群体的"潮流式消费"和"体验式消费"习惯不谋而合。因此，虚拟体育将在引领运动潮流的同时，不断探索未来体育消费新场景。

目前，"电竞 + 文旅"是很多电竞城市大力推进的新业态，如第十八届英雄联盟城市英雄争霸赛夏季总决赛暨 2023 南昌电竞嘉年华活动，将电竞潮流赛事与南昌本土文化元素有效结合，借助《英雄联盟》的广泛影响力，牵引地方特色文旅资源。2023 年 LPL 夏季赛总决赛宣传片穿插了大量中国传统文化元素以及西安当地风貌，打响城市名片，为城市文旅发展赋能，进一步拉动城市消费，高能级放大赛事效应。上海应鼓励头部电竞企业打造电竞主题旅游景区，推出电竞主题旅游线路，积极推动"电竞 + 非遗""电竞 + 戏曲"等方面的跨界联动，通过多元化的内容，为各国观众带来更加丰富的文化体验；发挥顶级赛事活动的文旅拉动效应，进一步打通电竞赛事和文化、旅游、商业、会展的边界，进一步联动电竞赛事和"吃、住、行、游、购、娱"的消费体验；充分发挥电竞赛事聚人气、引流量的优势，探索线上流量与线下流量的转化路径；围绕"跟着赛事去旅行"，制定"门票模式""酒店模式""自由行模式"等个性化出游方案，增加赛事门票附加值，打造"场馆周边＋市区热销＋地铁沿线"旅游产品，为异地参赛、观赛用户提供"观赛＋旅游"一站式体验。

在继续积极引入国际重大赛事的同时，要持续培育上海本土精品电竞赛事，强化"上海赛事"品牌体系，提升赛事品质、优化赛事布局，提高观赛体验，扩大赛事参与，放大体育赛事的溢出效应，构建电竞赛事高地，进一步促进电竞与"商旅文体展"联动发展，催生新商业和消费模式，使电竞成为社会经济发展新动能。2024上海虚拟体育公开赛、虚拟F1中国公开赛等虚拟体育赛事，引入了虚拟骑行、虚拟滑雪、虚拟赛车、虚拟赛艇、虚拟高尔夫等运动项目，利用虚拟现实、人工智能、传感交互、云计算与大数据等技术，打破了原有项目在运动器材装备、场地环境、季节天气和运动能力等方面的限制，让人们在更便捷、更安全的环境下低成本获得全新运动体验，可以大大激发运动兴趣，提高运动参与度。与此同时，虚拟体育也正在拓宽"电子竞技"的概念边界，加速电竞与传统体育的融合，不断改善"电竞即游戏"的单一认知。正在建设的"上海电竞中心"项目，由超竞集团携手樽轩集团联合开发，项目总投资约70亿元，围绕"新文创"，依托电竞产业，集合专业电竞赛馆、IP新文创、极限运动、产业研发、购物中心、五星级酒店等功能业态，融合数字化技术，打造融合电竞体验、赛事举办、休闲娱乐、商业办公、教育及服务于一体的电竞梦工厂，打造新地标和顶级电竞IP。因此，将电竞赛事空间、社交空间与商业空间的场景进一步融合，有助于释放长尾效应，促进消费活动的升级。

三、探索上海电竞"赛事＋城市"的新业态、新叙事与新空间

2024 年 3 月，上海市人民政府办公厅印发了《本市促进服务消费提质扩容的实施方案》，提出"加快建设国际知名的体育消费中心和世界一流的国际体育赛事之都"目标，明确"进一步激发体育消费新动能""支持虚拟体育、电子竞技等新兴项目产业化发展，构建电竞服务消费生态圈"等重点任务，为电竞产业的发展提供了有力的制度保障和方向指引。作为数字时代下的体育新形态，电竞融合发展之路不断拓展，电竞与动漫、游戏、影视、体育、文化、旅游、直播等行业已呈现深度融合。随着技术的不断升级和 5G 时代的来临，赛车电竞、无人机电竞、机器人电竞等新项目不断出现，更让人们对电竞的未来展开无限想象。如何突破圈层，持续激活电竞赛事与新业态的融合与创新，与城市和周边人群开展更多互动，开发"电竞＋商业"新业态、探索"电竞＋媒体"新叙事、打造"电竞＋会展"新空间将是上海电竞未来的发展进路。

（一）开发"电竞＋商业"新业态

多年来，上海坚持扶持新兴业态，鼓励"电竞＋"文化消费创新空间，持续打造电竞商业综合体，积极推动电竞赛事及相关活动与购物中心融合发展。目前来看，流行文化作品、传统文化旅游、特许经营／周边产品等领域商业潜力较高，要进一步鼓励企业持续提升产品影响力，带动消费金额提升；电竞主题、消费场景、教育／培训服务是电竞消费的价值发力区，积极引导企业进行产业和服务创新，可以

进一步扩大消费基础。

同时，电竞企业应立足电子竞技高标准、高规格、高科技的属性，依托赛事打造知名电竞 IP，积极寻求与商业品牌的合作机会，共同开发"电竞＋商业"新产品和服务，如与服装品牌合作推出电竞主题服饰，与餐饮品牌合作推出联名餐等，满足电竞爱好者的多元化需求，放大品牌效应。打造电竞主题消费场所和商业综合体，如上海电竞中心、超极合生汇等项目，在主要商业综合体内设置电竞体验馆、电竞酒店、电竞咖啡馆、电竞滑雪馆等新消费空间；拓展专业电竞场馆的营业范围，开发电竞外应用场景；创新开发专业电竞场馆的日常化应用场景，引入线下直营店等新模式，提高专业场馆的使用率，优化资源配置能力。

在赛事商业化运营方面，评估不同电竞赛事的品牌效果和转化渠道，积极开展与相关科技企业的合作，实现互惠互利；挖掘潜在种子选手，打造电竞明星，发挥明星选手的品牌影响力，通过构建粉丝社群、开展粉丝互动活动等方式，增强粉丝的忠诚度和消费意愿，加强消费场景融合化创新，满足多元化、个性化的消费方式。

（二）探索"电竞＋媒体"新叙事

全方位提升城市电竞的立体化传播能力，需重构电子竞技的媒体叙事。通过数字平台拓宽传播渠道，推动现象级的赛事、人物或事件在社交媒体出圈，不断塑造和普及电竞文化，在网络空间中实现青年群体对城市电竞文化的认同和归属。加强电竞赛事的正面报道，设立专业的电竞频道定期转播电竞比赛，持续推动电竞去污名化、去原罪论，刷新电子竞技的媒体形象。

重视电竞赛事对影视、演艺、音乐等泛娱乐产业的文化引擎功能，创新跨媒体开发的合作模式。建立"大版权"的商业思维，推动版权合作前置化、项目开发同步化、媒体内容差异化。创新影游融合叙事模式，统筹规划市场营销策略，加强电竞与影视的双向赋能，不仅要实现内容层面的影游融合叙事，更重要的是以跨媒体叙事推动观众消费的跨界联动，提高两个圈层观众的流动率、互渗率、转化率，通过电竞产品和赛事活动传播中国文化，提升城市的软实力和影响力。

要继续探索和推动"影院观赛"模式，为电竞爱好者提供更便捷的观赛渠道。腾竞体育在 2023 年一年中，与全国 16 家头部影院共同打造影院观赛活动，覆盖全国 40 个城市、508 家影院，吸引了超 9000 万人次线下曝光，近 13 万人购票观赛。将无法去现场的观众吸引到影院中，可以进一步激活新的消费空间和消费方式。

（三）打造"电竞＋会展"新空间

会展经济可以带来直接或间接经济效益和社会效益，一般被认为是高收入、高盈利的行业。例如，2024 年上海哔哩哔哩线下嘉年华（BW2024）门票共计超 61.5 万人预约，开票当日 2.7 万张大会员优先购门票 30 秒售罄，10 万张普通用户票 1 分钟售罄。7 月 12 日至 14 日三天参与 BW 的人次预计达 27 万人，举办地上海国展中心附近酒店搜索量环比上涨近 360%[1]。

---

［1］《超 60 万人预约　三天参与人次预计达 27 万人　BW 年度大会二次元浓度爆棚》，上海市人民政府网，2024 年 7 月 15 日。

　　上海对新兴文化接受度高，多元文化魅力正逐渐转变为经济效益，电竞产业的活力与会展经济的规模效应相结合，同样可以推动相关产业的协同发展。例如，借助重大电子竞技比赛节点，推出主题多元的文博展览；打造"电子竞技展览馆""电竞技术体验馆"等主题博物馆，举办电竞设备展、电竞游戏展等主题展览，彰显电子竞技的历史底蕴和文化魅力，打造全球文化新地标，吸引全球电竞圈粉丝来沪；定期举办"电竞文化节"等嘉年华活动，拓展电竞文化的大众化传播，提高电子竞技的普及率，强化社会大众对电子竞技的认同感，扩大电竞文化的辐射力。

　　电竞产业的发展能够为城市经济和文化带来双重增益，上海正在进一步拓展"城市＋电竞"传播新思路，与科技、文旅、文创等产业努力实现创新融合，精准识别城市发展电竞产业的关键卡点，通过激活城市"电竞＋"消费新场景，不断拓宽发展半径，商业模式也更趋完整。未来应发挥上海自身的文化特质和产能优势，依托承办顶级电竞赛事和开发更多衍生活动，共同打造独特的电竞城市"名片"。从"城市发展电竞"到"电竞融入城市"，上海电竞正从"赛博空间"走向现实，不断成为城市文化的载体与组成部分，有效助力上海实现"国际数字之都"的发展蓝图。

第五章
体育与城市的双向奔赴：巴黎奥运会资格系列赛上海站的创新之策

　　上海作为中国改革开放的前沿城市，长期以来致力于通过体育赛事促进国际交流与合作。巴黎奥运会资格系列赛·上海（Olympic Qualifier Series Shanghai）（以下简称"奥资赛"），于 2024 年 5 月 16 日至 19 日在上海黄浦滨江举行，包括自由式小轮车、滑板、霹雳舞和攀岩四个比赛项目。国际奥委会主席巴赫对本届大赛作出高度评价，认为所有环节都达到了最高标准，是一场天衣无缝的"盛宴"，为世界树立了"上海标杆"。在筹办和举办赛事的过程中，上海充分发挥奥资赛的平台效应，全面推动城市与体育共同繁荣，促成与全球各国多层次、多领域的互动交流，持续推进青春型城市建设，助力上海体育文化的全球传播。

第一节 拥抱多元与近悦远来：上海奥资赛促进城市的全球交流与对话

上海奥资赛不仅是一场体育竞技盛宴，更是塑造上海"海纳百川"城市形象的重要契机。作为国际顶级赛事，奥资赛通过吸引全球运动员和观众，展示丰富多彩的海派文化，彰显了上海的开放与包容。以赛为媒，上海借助体育这一无国界的语言，推动多元文化的理解与尊重，促进平等对话和文化交融。

一、传承文脉：展现国际大都市风貌 传播开放包容形象

正如中共中央政治局委员、上海市委书记陈吉宁在会见巴赫时所指出的，"中国一贯重视发展体育事业，传播奥林匹克精神的脚步永不停歇""期待与国际奥委会等体育组织继续深化务实合作"。[1] 近代体育发端于上海，见证并塑造了这座城市的变迁。上海体育始终呈现出兼容并包的国际化特色，成为奥林匹克运动在中国发展的前沿。

自 1894 年现代奥林匹克运动在巴黎发轫，奥运会开启了全球体育的新时代，成为国家象征和文化标识。[2]"更快、更高、更强"的奥林匹克精神不仅体现了人们对竞技体育的追求，更反映出对人类全面发展的期望。

---

[1]《上海市委书记陈吉宁会见国际奥委会主席巴赫》，中国新闻网，2024 年 5 月 19 日。
[2] 罗时铭：《奥运来到中国》，清华大学出版社 2005 年版，第 103 页。

作为中国近代体育最为发达的城市之一，上海成为奥林匹克运动在中国发展的重要传播地，与奥运结下深厚的渊源。从 1913 年开始，上海成为亚洲举办远东奥林匹克运动会的三所城市之一；1922 年，上海远东运动会会长王正廷成为中国第一位国际奥委会委员；1924 年，在圣约翰大学成立了首个全国性体育组织中华全国体育协进会，该会在 1931 年由国际奥委会正式授权履行中国国家奥委会职能；[1] 1932 年，中国首位参加奥运会的运动员刘长春从上海启程赴美，轰动上海滩。[2]

新中国成立后，在"奥运之梦"的引领下，上海与奥运的情缘不断绵延。上海一直是奥运选手重镇，持续向国家输送奥运人才。从 1952 年开始，上海运动员参加了中国参赛的每届夏季奥运会。在 2024 年巴黎奥运会上更以 6 金 4 银 3 铜的成绩创下新的纪录。[3] 2007 年，上海成为中国首个举办世界特殊奥林匹克运动会的城市。2008 年，上海举办了北京奥运会的足球比赛。近年来，国际奥委会负责人访问上海的频率不断增加，进一步深化了双方的合作交流。

从推动近代体育运动在中国的传播到新世纪打造全球著名体育城市，上海体育始终彰显"海纳百川、追求卓越、开明睿智、大气谦和"的城市精神和海派文化内涵。成功举办奥资赛是奥运在上海发展的新篇章。奥林匹克运动在上海的发展脉络表明，上海的体育事业始终坚持国际化发展，是城市发展的重要组成部分。

[1]《中国奥委会发源上海滩，百年办公楼在苏州河畔修缮复出，内藏谭咏麟父亲等签名》，上观新闻，2024 年 5 月 20 日。
[2] 罗时铭：《奥运来到中国》，清华大学出版社 2005 年版，第 107 页。
[3]《上海市体育发展"十四五"规划》，上海市人民政府网，2021 年 9 月 13 日。

上海奥资赛重视文化在体育赛事中的引领功能，助力上海体育文化从观赏文化向参与文化转型。[1] 奥资赛不仅是一场竞技活动，更是一种文化表达方式。作为城市发展的重要精神支柱，海派文化兼容并蓄，具有开放、包容、创新和多元的特点。奥资赛积极传播和扩大海派文化影响力，成为展示城市软实力的重要窗口。

奥资赛期间，上海举办了多场体现本地特色的艺术展览，不仅展示了丰富的海派文化，还富有创意地将海派文化与赛事主题结合在一起。赛事期间的"有意思·非遗市集"设置十多个摊位，无论是海派剪纸的细腻流畅，安亭药斑布的朴拙幽雅，金山农民画的简洁朴素，三林龙狮的喧腾昂扬，还是海派毛笔制作的宁静悠远，推拿一指禅的实用杂糅，面人的精致灵动，都体现着上海文化海纳百川的特点。与此同时，上海奥资赛还富有巧思地将非遗文化融入体育赛事，药斑布制作的攀岩镁粉袋，绘制嘻哈风格农民画的滑板以及跳霹雳舞的泥人，均以更加"新潮"的方式走入年轻一代，经由奥资赛被各国年轻人所知，进一步提高了海派文化的知名度。

上海立足社会主义现代化国际大都市定位，提出体育事业是丰富城市文化、提振城市精神、彰显城市品质、促进国际交流的重要抓手。[2] 奥资赛是城市国际化发展的成功案例，以向国际社会展示城市风采为契机，增强城市在国际体育交往中的竞争力。赛前，国际奥委会相关人员来沪共商办赛事宜；比赛期间，各国运动员、媒体记者

[1] 上海体育SHTY：《海派体育文化 激发全球著名体育城市建设动力》，《新民晚报》2023年8月4日。
[2] 《上海市体育发展"十四五"规划》，上海市人民政府网，2021年9月13日。

及国际体育组织在沪共享盛会；[1]赛后，国际奥委会主席巴赫高度肯定上海奥资赛。成功举办奥资赛提高了上海体育的国际竞争力，为城市在全球体育舞台上的崛起奠定了坚实基础。通过提升赛事组织水平、完善体育基础设施、推动体育产业发展、培养国际化体育人才，奥资赛提升了上海在国际体育事务中的话语权和影响力，有助于推动上海在国际体育治理中发挥更大作用，积极推进全球体育事业的发展和进步。

二、人文互通：推动跨文化互动　促进体育文化交流

在全球范围内，体育已经成为一种超越种族的通用语言。奥资赛成为连接上海与国际体育组织和全球其他城市的纽带。在展示城市独特魅力之余，奥资赛汇聚全球对体育运动的共同爱好，不仅拉近了人与人之间的距离，而且在推进城市友好往来方面发挥了重要作用，进一步促进了国家之间的文化交流，提升了全球文化的多样性和包容性。

2023年，《全球体育之都报告》依照奥林匹克生态系统的标准评估了全球各大城市，从城市高规格场馆设施的数量、体育文化的活跃度、赛事的规模和规格等指标开展评测，上海位列全球30位，全国第三。[2]2024年上海成功举办奥资赛，大幅度提升了上海的体育竞争力。

---

[1]《市政府召开奥运会资格系列赛·上海组委会会议》，《新民晚报》2024年1月3日。
[2] Global Sport Cities & the Olympic Ecosystem. Quantum and Durham University. 2023-08.

提升体育赛事知名度是增强城市国际影响力的重要途径。上海在举办奥资赛之前健全赛事认证体系，比赛期间不断放大赛事的引领作用，赛后注重奥林匹克精神的推广，用时尚的方式引领体育潮流，增强上海的国际魅力。这一办赛思路符合上海建设全球著名体育城市的目标，即凸显上海国际化、体育生活化的特质。为了扩大上海奥资赛的国际影响力，上海与多个国际机构和组织开展赛事内容的讨论。[1]奥资赛凭借过硬的举办质量、一流的赛事管理水平获得了国内外一致认可。国际奥委会主席巴赫一行给予赛事极高评价，认为所有环节都达到了最高标准，是一场完美的盛会。[2]

当前，全球体育赛事进入增量提质时期。如何最大限度地发挥体育的效能，成为全球共同关注的议题。上海另辟蹊径，在举办传统的网球、赛车、花滑等国际赛事外，从全新的奥资赛入手，主打差异化办赛，用前所未有的"上海模式"定义了奥资赛。奥资赛是国际奥委会首次设置的前奥运赛事，并无先例可供参考，但是上海在奥资赛筹办过程中凸显年轻化特色，持续彰显上海的城市特质，将城市精神植入奥资赛，集创新性、包容性、参与度、年轻化、青春化为一体。奥资赛现场出售的官方纪念品，无论是带有上海城市剪影的赛事徽章，还是具有都市色彩的场馆徽章，抑或上海城市地标性建筑徽章，均带有显著的城市特色。奥资赛中的自由式小轮车、霹雳舞、滑板和攀岩四项比赛是城市休闲运动的重要内容，在场地位置选择、装置设置、

［1］《奥运资格系列赛·上海研讨会在沪召开》，上观新闻，2023 年 11 月 14 日。
［2］《奥运会资格系列赛·上海圆满落幕 巴赫打出"满分"——"所有环节都达到了最高标准"》，上海市人民政府网，2024 年 5 月 20 日。

民众参与度、现场体验等环节均凸显了项目的时尚性、沉浸感和青春特质。

　　奥林匹克精神是全球共同的精神财富，能够促进国家间友好交往。2024 年正值中法建交 60 周年，黄浦江畔的上海奥资赛与塞纳河畔的巴黎奥运会遥相呼应，共同见证两国友谊。一江一河的"滨水之交"奠定了城市发展的根基，共同展现全球城市间的文化交往与人文对话。上海优化"一江一河"规划的举措与巴黎重振塞纳河的做法，都是为了活化滨水文化价值，推动沿岸地区的社会、生活、经济创新发展，提升城市生态效能与环境韧性，重塑沿岸的多样化功能，释放更多年轻活力。上海和巴黎对滨水空间的建设与改造，不仅显示出两座城市对历史遗迹和文化遗产的保护，[1] 更展现出两座城市对人类命运的共同关切。2024 年 4 月在巴黎举办的《奔流》项目，围绕城市遗产与河流资源，探讨了巴黎与上海在城市可持续发展、未来城市治理等方面的合作前景。"滨水之交"促成了中法多层面的交往，推动双方在文化遗产、旅游推广等多个领域展开深度合作。[2] 中法"滨水之交"表明，体育赛事已经成为实现人文交往、促进团结的有效渠道，有助于推动各国开展良性的人文交流活动。上海通过举办奥运会资格赛，积极推动国际交流与合作，使赛事充分发挥了人文交流功能。

---

[1]《苏州河对话塞纳河："中法文化旅游年"项目〈奔流〉在巴黎举办》，新华网，2024 年 4 月 19 日。

[2]《庆祝中法建交 60 周年暨中法文化旅游年开幕音乐会在巴黎成功举办》，新华社，2024 年 2 月 1 日。

三、汇聚人气：拓宽合作交流视野　促进体育共建共享

体育是促进城市国际化的重要途径，在国际交往中发挥着重要作用。上海奥资赛展现了宽广的国际视野，体现了"各美其美，美美与共"的价值观，契合现代奥林匹克运动以体育弥合差异、以体育团结世界的理念。

上海奥资赛不囿于"一城一赛"，而是将长三角地区纳入"城市—地区—全国—国际"的赛事宣推格局，吸引更多民众参与其中。小轮车项目邀请爱好者依次在上海、苏州和广州取景，完成一部纪录短片的拍摄。在2024年8月的"全民健身日"中，长三角实现了"全民健身与奥运同行"。浙江将体育和文化生活融合在一起，打造了集项目体验、体育产品互动、非遗文化体验于一体的内容；上海约800处公共体育场馆、社区市民健身中心等运动场所向市民免费开放，游泳、攀岩、轮滑等热门项目预约难求；江苏省开展"宁镇扬"三市交流赛，开展八大主题活动。

奥资赛的筹办表明，长三角在今后的体育布局中，应更加注重联合搭建一体化发展平台，发挥上海、杭州等城市的体育国际影响力，推动赛事形成从区域到国际的辐射作用，将赛事效应最大化，重点打造区域特色体育产业，让体育走出地区，惠及更多民众。

上海在筹办奥资赛期间，针对小轮车、滑板、霹雳舞和攀岩四个运动项目，与相关国际体育组织展开合作，与国际奥委会就赛事转播、媒体运营、数字参与、接待保障等进行讨论与实地考察，四项赛事的国际专业机构国际攀岩联合会、世界轮滑联合会、世界体育舞蹈

联合会和国际自盟分享了项目发展和比赛有关情况。[1] 可见，奥资赛是拓宽上海体育赛事项目、推动项目规范化与专业化发展的契机。自由式小轮车、滑板、霹雳舞、攀岩四项赛事深受青少年喜爱，上海可借鉴国际经验，推动四项赛事实现职业化、垂直化发展，加快培养本土人才，建立符合实际的青训体系和后备人才培养机制。与此同时，通过与国际知名体育俱乐部和机构合作，为四项赛事的本土年轻运动员提供更多国际交流和训练机会，提升他们的竞技能力和综合素质。奥资赛项目虽然在我国起步较晚，商业化程度不高，但是上海以奥资赛为契机，与国际组织和机构展开积极对话，吸收国际先进理念，为四项赛事的普及奠定了基础，吸引了更多市民参与。

同时，上海积极建设便捷化的体育合作平台，通过创新机制和模式，促进各类体育资源的共享和利用，提升国际化合作水平。奥资赛是上海与国际体育组织深化产学研合作、构建数字化信息平台的契机，有助于加速体育与科技的融合，催生新业态。奥资赛期间，上海通过智能场馆和智慧赛事的建设，提升了赛事的组织和管理水平。主办方引入了智能监控、实时数据分析等技术，实现了赛事的精准管理和高效运行，中国电信提供的裸光纤、EIP 线路、IPMAN 上网专线等技术和设备保障了奥资赛畅通的信息通信。上海体育大学与多所高校、研究机构展开密切合作，开发的"上体体育大模型"为国家队提供了重要技术支持，成为备战巴黎奥运会的强大科技支撑，也为体育产业转型升级注入了强劲动力。[2]

［1］《奥运资格系列赛・上海研讨会在沪召开》，上观新闻，2023 年 11 月 17 日。
［2］《上海体育大学发布"上体体育大模型"》，国家体育总局网，2024 年 6 月 29 日。

第二节 城市脉动与体育精神：上海奥资赛促进城市多维度融合发展

近年来，上海通过举办各类体育赛事，展现了多维度的融合发展。"上海奥资赛"更成为一个标志性事件，它不仅是一场体育盛会，也是展现城市生产、生活和生态新气象的重要载体，彰显了上海的独特魅力和综合实力。

一、以赛兴业：赛事融入城市文脉 激发产业发展新形态

在全球化浪潮的推动下，体育赛事作为一种重要的城市品牌建设手段，逐渐成为城市发展的新引擎。上海奥资赛助推城市生产实现跨越式发展，有助于构建独具特色的体育新业态，推动体育赛事与城市规划、城市品牌和城市遗迹的融合，塑造城市发展新格局。

上海借助奥资赛的举办，积极提升城市能级，带动体育产业发展，推动体育产业聚集。首先，上海奥资赛加速推动城市基础设施的升级和完善，进一步提升了城市能级，包括对赛事场馆周边道路、公共交通系统、便民设施和绿化景观的升级改造。其次，上海奥资赛推动城市功能区重新布局，带动体育产业发展。比赛场馆的所在地集群包括中国船舶馆、外滩国际电竞文化中心和黄浦滨江滑板极限公园，可以同时满足转播、办赛和展示的功能需求。市内多个废弃工业园区地理位置较好，改造成以体育文化为主题的园区后，既能够保护工业文明遗址，也可以通过体育的带动效应，推动城市功能区的多元化发

展。除黄浦滨江公园外，还将废弃的保暖瓶胆厂改造成三邻桥体育文化园，园区配套攀岩、搏击、高尔夫、篮球、马术等体育项目，同时匹配能够举办各类文体活动的公共空间及餐饮。[1] 再次，上海通过奥资赛开发新的体育产业聚集地。依托上海奥资赛宣传片和城市体育节的高曝光度，豫园街道打开发展思路，依托国家级文旅融合示范点优势，进一步挖掘体育的溢出效应，持续促进豫园商圈体育产业的发展，吸引更多企业形成产业聚集效应。[2]

城市不仅是行政区划，更具有独特的品牌气质，可以凭借显著的辨识度和关注度在全球舞台上展开竞争。体育赛事是城市提升全球竞争力的重要手段。上海奥资赛成功展示了城市年轻化、体育参与度高的特点，有助于将上海打造成一个具有国际影响力的城市品牌。首先，赛场内外的年轻人点燃了城市火热的体育氛围，奥资赛周边丰富的文娱活动和富有"松弛感"的观赛体验，为奥资赛打上了年轻的标记。其次，上海围绕赛事开展了一系列文化活动和商业推广，形成浓厚的城市体育氛围。2024 年盛夏上海举办了一系列呼应巴黎奥运会的活动，如外滩举办的"移动体育博物馆"展览、全市开展的"全民健身与奥运同行"主题活动、北外滩设置的"奥运紫"主题运动场，都彰显了创新、年轻、包容的城市形象。

近年来，为城市和赛事等带来长期收益的"奥运遗产"愈发引起重视。上海重视奥资赛带给城市的可持续发展动力，大力升级公共服务基础设施，优化城市生态环境。奥资赛挖掘了城市历史和人文价

---

[1]《"旧改新"盘活城市空间——老厂房变身运动乐园》，国家体育总局网，2024 年 3 月 19 日。
[2]《豫园街道打造家门口的沉浸式体育新消费》，上观新闻，2024 年 7 月 13 日。

值，通过合理规划、利用历史遗迹，为城市文脉赋予新的功能和意义。奥资赛场馆附近的万国建筑博览群、老码头等历史文化遗迹，是城市的文化根基，见证了海派文化的发展。比赛期间特意设置了多条游览这些历史文化遗迹的 citywalk 路线，让游人在干净、整洁、舒心的环境中领略上海的历史文脉。同时，组委会还选拔了一批多语种志愿者提供赛事日程与票务咨询、应急处置响应等服务。[1]这些措施不仅让观众和选手感受了亲切而流畅的体验，更能展示上海人文宜居的城市品质。

二、以赛聚人：赛事融入城市社群　彰显群众体育新气象

作为国际顶级赛事，奥资赛为城市社群注入新活力，推动了群众体育发展。赛事期间，上海举办了丰富多彩的全民健身活动，让市民近距离感受赛事氛围，提升了全社会的健身意识。奥资赛后，热度仍然不减，上海在巴黎奥运会期间及赛后举办了丰富多彩的体育文娱活动，覆盖市、区及街道。

奥资赛前，上海市第四届市民运动会于 2024 年 4 月启动。这场以"健康上海，人人来赛"[2]为主题的体育嘉年华属于全上海人民，与奥资赛交相辉映。市民运动会项目丰富，鼓励民众全方位参与，增

---

[1]《黄浦青年志愿者：奥运会资格系列赛中的亮丽风景线》，上观新闻，2024 年 5 月 22 日。

[2]《"阿拉的奥运会"如火如荼，上海市民暑期健身"哈扎劲"》，上观新闻，2024 年 7 月 21 日。

强社区的凝聚力。为了吸引更多民众参与体育运动，上海多次发放体育消费券，持续推进"你运动、我补贴"的惠民措施。此外，为了培养年轻一代的体育热情，上海着重在青少年群体中推广体育健康理念，在学校开设体育课程、举办多种体育比赛和活动，提高青少年的身体素质和健康水平。在媒体的大力宣传下，上海奥资赛激发了市民尤其是青少年的体育参与热情，增强了全民健身意识，彰显了群众体育新气象。

数字体育是健康中国和全民健身的重要组成部分，也是推动上海体育高质量发展的重要引擎。[1] 在奥资赛期间，一系列数字化措施助力实现赛事活动资讯高效化、服务管理精准化、场馆设施智能化、竞技体育数字化等目标。[2] 首先，新媒体矩阵是奥资赛数字化传播的一项重要内容。东方卫视根据上海广播电视台"融合强台"核心战略，依托新媒体矩阵，广泛报道奥资赛相关赛事和活动。东方卫视、看看新闻 APP、百视 TVAPP、东方卫视官方视频号、东方卫视官方抖音号、东方卫视官方快手号、新浪微博@东方卫视，以及 SMG 旗下主要媒体平台，搭建了全覆盖媒体矩阵，为受众提供丰富的赛事报道。其次，奥资赛场馆配置了最高规格的数字传输设施。为了保障数据传输的流畅度，满足青年人在社交媒体上即时分享的需求，场馆区域通过多种技术保证 4G/5G 信号覆盖与速率满格。再次，上海奥资赛观赛扫码的措施是建立体育标准化数字应用场景的最新成果。借助"一码健身"体育公共服务，上海致力于打造智慧体育便民服务新

————————

[1] 《"十四五"体育发展规划》，国家体育总局网，2021 年 10 月 25 日。

[2] 《上海体育数字化转型"十四五"规划》，上海市人民政府网，2021 年 10 月 25 日。

场景，将公共体育场馆接入"一网通办"，一方面，通过全面推进数字化健身管理方式，加强智慧场馆建设；另一方面，通过完善市民运动会和城市业余联赛等体育品牌赛事信息化管理，贯彻智慧服务理念。

上海奥资赛拓展既有"体育+"模式，把竞技体育生活化和娱乐化的方式融入市民日常生活，使体育运动成为一种生活方式，以赛事引领生活潮流，将体育和城市文化结合起来，打造节日型体育赛事，赛场内的展玩区与赛场外的多项互动体验运动吸引了大量观众体验和参与。园区内的饮食、游玩、观赏设施让观众享受"一站式"观赛，在轻松愉悦的氛围内体验比赛。体育生活化的理念在赛后也得到延续，上海体育消费节、上海市民运动会、"全民健身与奥运同行"等系列活动，均将体育融入生活日常。可见，上海奥资赛通过丰富多彩的配套活动、完善的体育设施建设和有效的体育文化传播，推动了竞技体育向生活体育的转变，促进了全民健身的蓬勃发展。

三、以赛营城：赛事融入生活生态　赋予城市发展新内涵

上海奥资赛不仅是提升城市软实力和综合竞争力的重要平台，还是提升城市发展能级的重要载体。[1]

---

[1]《建设国际体育赛事之都三年行动计划（2018—2020）》，上海市人民政府网，2018年12月13日。

全球体育赛事已经进入提质增量阶段，城市不能只停留在举办赛事的层面，还要结合城区特色，打造特色品牌，构建积极的体育生态，避免赛事特色不明显、同质扎堆的现象。奥资赛落地黄浦区的重要原因就在于其具有深厚的轮滑传统和办赛经验。作为上海"旱冰场"发源地，黄浦区将轮滑打造成"一区一品"的口碑体育项目。辖区内拥有高品质的运动场地，形成了完整的轮滑产业生态链，积累了举办国际轮滑赛事的经验。[1] 这一案例表明，赛事举办应聚焦区域的优质体育资源，强化区域体育特色，建立赛事、区域和城市相互促进的模式。此外，赛事的举办还能反哺区域特色体育项目，吸引更多市民参与，进一步完善和促进区域特色项目的发展，打造标杆性特色赛事，丰富城市体育资源。

与此同时，上海打造世界级滨水区的城市发展目标极大地改善了黄浦江沿岸的生态与功能。[2] 上海奥资赛的举办地——黄浦滨江浦西世博园区成为体育赛事促进城市更新的典范。世博园区是上海西岸黄浦滨江岸线的一部分，曾是 20 世纪民族工业的发源地之一，因大量出现的工业用地而被俗称为"锈带"。黄浦区以"和谐共生、复合开发、宜居高效"为思路，修缮和保留了造船厂原址上的一些老建

---

[1] 20 世纪 80 年代，黄浦区花样轮滑队称霸亚洲；2000 年之后，黄浦区引入自由式轮滑项目，极大促进了轮滑项目的多样化发展。黄浦区通过举办一系列轮滑项目，活化轮滑资源，让更多的人加入轮滑项目中。2003 年以来，黄浦区陆续举办了多个轮滑国际顶级赛事，形成了完整的轮滑产业生态链，为区域的体育事业发展提供了持续的动力：2023 年 11 月，黄浦区举办 2023 年世界自由式轮滑锦标赛；2024 年 4 月，黄浦区举办亚洲首个"轮滑 + 路跑"融合马拉松比赛，覆盖国际轮滑马拉松巡回赛（上海站）、中国轮滑马拉松公开赛（上海站）等四项赛事。

[2]《上海市体育发展"十四五"规划》，上海市人民政府网，2021 年 9 月 13 日。

筑。在世博会前，在保留船坞工业旧景的基础上打造现代化广场景观，现在又将浦西世博园区改造成全球超大城市中心城区中最大的滑板主题公园，使其成为上海奥资赛的举办场地。场地将工业遗址和时尚体育文化结合起来，将"工业锈带"转变为"生活秀带"。这一转变折射出社会风尚的变迁，不仅体现了城市物质基础的改善，也彰显了城市更加注重生态环保的理念，凸显了市民生活品质和生活方式的变化。[1]

　　上海奥资赛在促进城市更新的同时，致力于把体育"流量"转化为城市"留量"，努力实现体育赛事向"生活＋"转型。上海城市体育节在奥资赛前一个月开始预热，黄浦区积极策划城市体育节系列活动，全面推进四个比赛项目进商圈、进街区、进校园，普及新兴奥运项目，在区域内的商圈、街区、学校等开展推广，共计举办14项、23场次活动。[2] 赛场外，文体旅的融合活动深入展开。2024年4月至8月，以"健康上海，人人来赛"为主题的上海市第四届市民运动会成功举办。比赛期间举办的上海城市定向户外挑战赛提出"跟着赛事来旅游"的口号，为1.2万名参赛选手提供24条不同特色的城市主题线路，打卡150余个点标，[3] 让市民和游客感受了城市更新的成果，有效推动了文体旅融合，拉动了夏日经济增长。

———————

[1]《打开奥运新方式，"以赛营城"激发城市生长动力》，上观新闻，2024年5月22日。

[2]《全力以赴、追求极致，黄浦区体育局保障奥运资格系列赛·上海》，上观新闻，2024年5月23日。

[3]《打造人人运动人人健康活力之城　赛事贯穿全年覆盖各类人群，将融入节庆、打卡地标、走进商圈，激发溢出效应》，上海市人民政府网，2024年5月12日。

无论是奥资赛还是后续文体活动，上海用文体活动串联赛事，进一步打通体育赛事和文化旅游以及商业的边界，进一步推动了赛事融入城市生活，赋予城市发展新的内涵。

第三节　奔涌青春与面向未来：上海奥资赛激发城市的年轻态与生命力

2020 年，国际奥委会发布《奥林匹克 2020+5 议程》指出，年轻人是未来体育发展的重要推动力，奥运会致力于吸纳更多年轻人关注并参与奥林匹克运动。作为一项国际盛事，上海奥资赛通过"破圈"促进不同群体的互动，引领城市发展新动向。奥资赛的举办与上海致力于建设青春发展型城市的目标相吻合。赛事吸引了不同背景的年轻群体参与，他们在社交媒体和新媒体平台广泛传播和分享赛事讯息，形成了强大的传播效应，有助于打造奥资赛的青春品牌属性。通过组织青年志愿者队伍、开展青少年体育交流活动和文化体验项目，赛事激发了年轻人的奥运情怀和参与热情，也使上海成为青春活力的代名词。

一、破圈互动：设定奥运新标杆　引领传播新动向

上海奥资赛作为一项国际顶级赛事，通过"破圈互动"策略，利用沉浸式参与、社交媒体和新媒体平台广泛传播等形式，激发年轻群体的关注和参与热情。多样化的传播方式打破了传统媒体的局限，形

成了强大的传播效应。

从东京奥运会开始，国际奥委会设置了更年轻、更城市化、更开放的项目，收获了比以往更多的关注。巴黎奥运会结合城市体育特色，在突出城市文化的主题下，新增四项有别于传统观赏性竞技赛事的奥运项目，凸显了赛事和观众更多的互动和体验。上海借助举办奥资赛，深度开发城市中年轻人的体育热情，使他们成为奥运精神的重要传播者和践行者。在 2024 年 8 月举行的"奔跑吧·少年"全国青少年阳光体育大会上，上海青少年运动员参与了 8 项赛事，不仅有奥资赛中的轮滑和攀岩项目，还涵盖篮球、足球等大众体育项目，向年轻人群传播了奥林匹克精神，为奥林匹克运动的未来发展厚植了基础。

奥运会资格系列赛是国际奥委会为革新奥运会、提升品牌影响力，向年轻一代推广全新奥运形象的一项成果，旨在利用文化和教育两大杠杆，将奥运会扩大到奥林匹克社区之外的领域，激发不同地缘和兴趣的社会群体加强互动，如表演者、文艺者、建筑师、教育工作者等。上海奥资赛致力于向奥林匹克社区之外拓展，实现体育与经济、文化、科技和社会的深度融合。多维度的融合，提升了城市的综合实力和国际形象，也为市民带来更多的福祉和发展机遇。体育作为一种文化现象，具有独特的社会影响力和文化价值。上海奥资赛注重体育与创意产业的结合，通过体育赛事带动文化创意、时尚设计等领域的发展。奥资赛期间售卖的文创产品、环保服装秀、音乐节等新潮内容，营造了"比赛即过节"的赛期氛围。奥资赛打破参赛选手和观众之间的"墙壁"，通过接地气的场地设计，让精英体育选手不再是遥不可及的，"交融式"比赛场地让观赛者可以在赛后第一时间一睹自己心仪运动员的风采。小红书上不少用户记录并传播偶遇奥资赛运动员的相关动态，包括偶遇美国滑板选手布赖斯·韦特施泰因、法国攀岩选手保罗·詹福特、巴西选手菲利普·莫塔等。

上海奥资赛作为一项国际顶级赛事，不仅在赛事组织层面取得了巨大成功，还通过创新的传播策略，将赛事的影响力扩展到城市的各个角落。上海奥资赛的传播策略紧抓年轻人喜好，凸显社交媒体的连通性、公开性、参与度等特征，发挥 UGC 内容特点，在年轻人之间建立了深度连接。在奥资赛期间，上海充分利用微博、微信、抖音、哔哩哔哩等热门社交媒体平台，进行全方位、多层次的赛事宣传。通过实时更新赛事进展、幕后花絮、选手采访等内容，吸引大量年轻用户的关注。同时，赛事组织方通过互动问答、直播连线等形式，增强了与观众的互动，提升了用户的参与感和忠诚度。此外，利用名人效应，邀请深受年轻人喜爱的偶像王一博担任上海奥资赛大使，带动微博、抖音、小红书等社交媒体上的讨论。抖音平台邀请上海本地歌手黄龄和运动员赵丽娜为奥资赛现场助力。范志毅、吴敏霞、钟天使等运动员成为尝鲜赛事的"体验官"。新媒体助力体育运动融入生活，充分体现了社交媒体的亲民特征。

二、乐动全城：打造奥运青春派对　助推文体旅融合

上海奥资赛既是一场体育盛事，也是一场青春派对，在"体育为新、文化为本、潮流为引"的核心理念指导下，上海奥运资格赛以年轻人为主要受众，将文化、体育、音乐、美食融为一体，打造了一体化、沉浸式的体验活动。

无论是资格赛场地设置、比赛氛围、参与方式，抑或参赛选手和观看者的互动，上海奥资赛都按照年轻人喜闻乐见的方式设计。在赛场设置上，借鉴了"流动的"音乐节模式凸显交互式体验。观众购买一张票，便可全方位体验"现场观赛 +livehouse+ 追星 + 特种兵逛吃"模式，一站式体验有助于体育融入城市生活。购买赛事门票的观众可以近距离观看赛事，与运动员实现互动。没有购买赛事门票的观众也可凭借上海体育节的门票进入赛事区域，远距离观看除霹雳舞以外的其余三项赛事。此外，为了共享赛事盛况，园区内设有多块大屏幕实时高清转播比赛项目，年轻人可以席地而坐观赏赛事。

上海奥资赛四项比赛因时尚的属性、激烈的竞争、酷炫的技巧，吸引了大量年轻人前往观赛。整个奥资赛期间有约 4.5 万名观众参加，其中 18 岁至 45 岁的观众占 58%，18 岁以下的观众占 30%。[1]参赛选手年龄也很小，巴西滑板选手菲利普·莫塔 17 岁，中国女子街式选手排名最高的崔宸曦 13 岁，女子碗池头号种子郑好好 12 岁，自由式小轮车中国选手邓雅文 18 岁。奥资赛创新了赛事体验，推动了赛事的年轻化。

此外，上海奥资赛为持续推动文体旅融合发展提供了新思路，其间展出众多海派文化非遗项目，它们的发源地三林、金山、安亭具有丰富的人文资源，具有浓郁的海派乡土气息。借助奥资赛的热度，上海近郊区域将体育资源和人文资源转化为旅游资源。2024 年暑假期间，三林、金山和安亭均举办了丰富的体育活动，从青少年混合年龄组篮球友谊赛到长三角羽毛球混合团体赛，再到三人篮球赛，赛事吸

---

[1]《新奥运新气象新活力，运动呈现城市之美》，《新民晚报》2024 年 5 月 20 日。

引了全国各地选手，通过赛事带动当地旅游。奥资赛持续宣传"跟着赛事来旅游"，用体育赛事串联不同文化典故，促进不同办赛地点商圈的经济活动。例如，上海奥资赛配套的"城市体育节"启动了系列文化体验活动和项目，分别在中华艺术宫前的百联商圈、新世界商圈、豫园商圈、博荟广场等商业中心举办了相关的周边活动。[1]

三、面向未来：建设青春发展型城市　构建友好型城区

近年来，上海积极推进青年友好型城区建设，举办奥资赛是一个助力城市年轻化的契机。

本着让体育运动融入城市生活的理念，上海奥资赛将新兴体育运动"植入"历史建筑，让城市经典地标建筑焕发出新的活力。除了将黄浦滨江老旧的工业园区改造成充满活力的运动场地外，奥资赛赋予城市地标豫园等全新的寓意，将全新的小轮车、街舞项目植入豫园，让传统的场地与新兴的潮流碰撞火花。在上海奥资赛的宣传片中，豫园成为东京奥运会自由式小轮车女子冠军夏洛特·沃新顿展示车技的地点。以传统建筑为背景展示新生的体育赛事，让历史底蕴迸发出新的能量，新式竞技运动成为城市体育文化中的一个重要部分。2024年5月，豫园中心广场举办了"霹雳舞·传承"展演，深化了以传统建筑为代表的古典文化与奥运潮流文化的交融。在这场展演中，新潮街舞内嵌于传统建筑群中，广场的中心位置彰显了街舞的魅力，重叠

---

[1]《主打文体旅商展融合，上海高水平体育赛事的最大价值，是经济社会的溢出效应》，上观新闻，2024年4月25日。

的空间凸显了新生竞技运动的重要性。

　　上海奥资赛营造了积极向上的城市氛围，有助于吸引和留住年轻人才，增强城市认同感。赛事为每个参与者提供了展示自我的平台，丰富的文娱活动让年轻人可以深入体验比赛项目，沉浸式参与为年轻人提供了交流的机会。体育、文化、音乐、时尚的跨界融合极大地提升了年轻人的文化认同感和参与度，大量参与赛事活动服务和组织工作的青年志愿者增强了社区归属感。

第六章
大型体育赛事助力社会主义现代化国际大都市建设的经验、启示与路径

2023 年 11 月，习近平总书记在上海考察时强调，上海要完整、准确、全面贯彻新发展理念，围绕推动高质量发展、构建新发展格局，聚焦建设国际经济中心、金融中心、贸易中心、航运中心、科技创新中心的重要使命，以科技创新为引领，以改革开放为动力，以国家重大战略为牵引，以城市治理现代化为保障，勇于开拓、积极作为，加快建成具有世界影响力的社会主义现代化国际大都市，在推进中国式现代化中充分发挥龙头带动和示范引领作用。

大型体育赛事在提升城市能级、繁荣城市人文、铸就城市品牌、完善城市功能等方面作用显著，也为上海赢得了广泛的国际关注。2020 年，上海市政府办公厅印发《上海全球著名体育城市建设纲要》，提出着力提升赛事品质、优化赛事格局、提高观赛体验、扩大赛事参与、放大赛事效应，充分释放体育赛事在提升城市形象、带动产业发展、点燃参与热情等方面的独特作用，加快建成世界一

流的国际体育赛事之都。那么，大型体育赛事在助力上海建设社会主义现代化国际大都市中发挥了怎样的作用？对标全球著名体育城市，目前还存在哪些短板弱项？如何结合上海的资源禀赋和城市品格，更好发挥体育赛事助推"强化四大功能""建设五个中心"的重要作用，进一步提高城市核心竞争力和国际影响力？这些都是处于新时代新征程的上海在建设国际体育赛事之都的过程中需要思考的重要问题。

第一节　大型体育赛事助力社会主义现代化国际大都市建设的经验

上海是改革开放的排头兵、创新发展的先行者，在开发体育赛事方面拥有悠久的历史和显著的特点。

一、建设国际体育赛事之都与全球著名体育城市

（一）上海推进国际体育赛事之都的建设历程

20 世纪 90 年代，上海市政府就明确提出了建设"亚洲一流体育中心城市"的发展目标，并提出了"积极申办具有世界一流水平体育赛事"的战略举措。1993 年，首届东亚运动会在上海虹口体育场开幕，9 个国家和地区代表团的 1252 名运动员参加了 12 个项目的比赛。随后，又连续举办了亚洲羽毛球锦标赛、亚洲杯乒乓球赛、首届亚太特奥会、世界女排大奖赛、喜力网球公开赛等。

　　进入 21 世纪，上海相继引进或创办 F1 中国大奖赛、ATP1000 网球大师赛、国际田联钻石联赛、上海国际马拉松赛、汇丰和宝马高尔夫球世界锦标赛、世界斯诺克上海大师赛、崇明自行车赛、环球马术冠军赛、NBA 国际系列赛、国际滑联"上海超级杯"和城市定向挑战赛等国际顶级赛事。2004 年 9 月，首届 F1 中国大奖赛在新落成的上海国际赛车场成功举办。2009 年 9 月，上海网球大师赛组委会成立，宣告上海永久拥有大师赛举办权和全部商业权益，旗忠球场的玉兰顶棚深深镌刻在了世界网球的版图之上。除引进赛事外，以上海国际马拉松赛、国际滑冰联盟"上海超级杯"赛、"上海杯"诺卡拉帆船赛、上海城市定向户外挑战赛为代表的本土原创品牌赛事也迅速成长，赛事影响力不断提升。2020 年，上海国际马拉松赛晋升国际田联路跑白金标赛事，逐渐成为我国专业性强、媒体辨识度高并广受公众认可的路跑赛事。

　　近年来，上海推进国际体育赛事之都建设的步伐明显加快，体育赛事呈现出规模不断扩大、能级不断提升、办赛主体不断壮大、赛事市场不断繁荣的发展态势。2015 年，上海市政府发布《关于加快发展体育产业促进体育消费的实施意见》，将建设全球著名体育城市纳入发展目标，在主要任务中明确提出要"构建与国际大都市地位相匹配的、多层次的赛事体系"。2018 年，上海市体育局出台了《建设国际体育赛事之都三年行动计划（2018—2020 年）》，提出"体育赛事规划布局行动、体育赛事品质提升行动、体育赛事市场培育行动、体育赛事效益释放行动、体育赛事扶持保障行动、体育赛事国际合作行动"六大重点任务。2020 年，《上海全球著名体育城市建设纲要》明确提出要发挥体育赛事的综合效应，建设世界一流的国际体育赛事之都。

（二）上海大型体育赛事发展概况

产业规模方面，《上海市体育产业统计公告》显示，2022 年体育竞赛表演总产出和增加值分别为 25.71 亿元和 13.38 亿元，其中增加值在体育产业结构中占比为 4.5%。和疫情前相比，总产出和增加值有所下降（见表 6-1），但长期来看，已呈现良好的恢复与增长态势。

表 6-1　2017—2022 年上海体育竞赛表演活动总产出及增加值

	总产出（亿元）	增加值（亿元）	总产出占比（%）	增加值占比（%）
2017 年	56.93	32.96	4.5	7.0
2018 年	65.71	46.70	4.4	8.4
2019 年	44.67	31.87	2.5	5.7
2020 年	48.47	29.70	3.0	5.3
2021 年	28.99	15.27	1.7	2.6
2022 年	25.71	13.38	1.4	2.1

资料来源：上海市体育产业统计公告。

数量结构方面，2019 年上海共举办国际国内体育赛事 163 项。2020 年突如其来的新冠肺炎疫情大流行使全球体育赛事一度按下暂停键，上海在安全防疫的前提下举办了 40 余项国际国内体育赛事，2021 年 46 项，2022 年 25 项。2023 年上海共举办 118 项国际国内体育赛事，其中国际赛事 38 项、全国比赛 83 项。2024 年共举办 178 项，数量为历年最多。从赛事结构看，2024 年的赛事中有国际顶级赛事、城市自主品牌赛事、全国最高级赛事，还有长三角区域联动赛事。

市场主体方面，在 2021 年的上海 500 强体育企业中，体育竞赛表演企业数量为 35 个，占 500 强企业的比重为 7.0%，营业收入为 29.25 亿元，占 500 强企业的比重为 1.4%，利润总额为 1.15 亿元，占 500 强企业的比重仅为 0.5%，还有较大上升空间。

（三）上海标志性品牌赛事纷呈

近年来，上海结合城市发展与青少年体育人才培养，积极打造自主品牌赛事，确立了"3+3+3+X"自主品牌赛事发展框架。第一个"3"，即3个依托城市景观培育的头部赛事——中国首个世界田联白金标赛事上海马拉松、2021年在苏州河上创办的上海赛艇公开赛和2024年在黄浦江上举办的上海帆船公开赛；第二个"3"，即聚焦三大球发展的明日之星系列赛；第三个"3"，即3个各具特色的赛事——花样滑冰上海超级杯、创办于2021年的上海杯象棋大师公开赛和2024年落地的环上海新城自行车赛；"X"是各区和协会、企业等创办的各具特色的赛事，包括各区的半马赛事，企业举办的路跑、水上、自行车等赛事。在城市自主品牌赛事的新赛道上，上海积极探索，不断前行，这些在城市开放空间举办的赛事已悄悄融入市民生活，既是高水准的赛事，同时也像嘉年华，为市民创造更加开放、包容、共享的赛事环境，践行"人民城市"重要理念。

如前文所述，上海城市景观头部赛事"三上"品牌已发展成为上海本土标志性赛事的金名片。1996年，"上海国际市民马拉松赛"开赛，设男女马拉松、半程马拉松、5公里、2.5公里，参加人数6000人，其中境外选手700人。首届"上马"赛道以人民广场为起点，经南浦大桥，到东方明珠电视塔结束。2012年"上马"凭借其专业性强、媒体辨识度高并广受公众认可的办赛质量，获得中国田径协会和国际田径协会的双重认可，以"双金标"赛位居国内顶级马拉松赛事行列。2014年上海马拉松进行了市场化探索，由东浩兰生集团运营，创造了237万人次报名的纪录。为了最大限度满足跑友的需求，2015年"上马"参赛名额增至38000个，并且首次引入了预报名抽签制。2017 年"上马"将发展目标定位为专业竞技型赛事，进行了竞赛规程改革，除了保留部分健康跑及 10 公里项目名额以扩大马拉松影响力之外，其他参赛名额均设为全程马拉松。2020 年"上马"获得国际田联白金标赛事认证，成为国内赛事级别最高的路跑赛事。2023 年"上马"规模恢复至 38000 人，预报名人数超过 17 万人，全程马拉松项目中签率仅 13.7%。2023 年上海马拉松赛直接经济影响达 7.01 亿元，产出效应达 20.12 亿元，对旅游产业的拉动效应达 7.69 亿元。[1]

上海赛艇公开赛是上海着眼建设国际体育赛事之都，结合"一江一河"发展规划创办的彰显城市内涵特质的自主品牌赛事。2021 年 10 月，第一届上艇赛在苏州河水域举办，来自各省市赛艇队、国内知名高校赛艇队以及部分社会性赛艇俱乐部等近 50 支参赛队伍的 600 多名选手参加了比赛，设置 4.2 公里追逐赛和 500 米城市冲刺赛两个类别，分专业组、高校组和俱乐部组三个组别。2022 年上艇赛增设"高校赛艇争霸赛"，吸引了 40 余支八人艇队伍，以及来自俱乐部组别的 10 余名单人艇运动员参赛。2023 年赛事升级扩容，除高校组、俱乐部组外，新增精英组和青少年组赛事，在专业性上进一步强化，共有 51 支八人艇队伍、10 支四人艇队伍，以及 14 名单人艇运动员参赛，总人数近 700 人。2023 年，上艇赛邀请国际顶尖队伍参赛，吸引了 5 万多名上海市民及各地游客前往苏州河沿岸观赛，产生的餐饮、娱乐、游玩等多项消费总额达 4557 万元。上艇赛的举办提

---

［1］ 王辉：《文体旅深度融合　助力上海体育高质量发展》，《中国体育报》，2024 年 3 月 13 日。

升了城市文化的亲和力，集竞技性、观赏性、娱乐性于一体，成为展示苏州河两岸历史文脉和滨水空间魅力的生动载体。

2024年3月，首届上海帆船公开赛以"风启上海，扬帆海上"为主题，以"一村、一游、一赛"形式开展，即上帆赛事村、上帆黄浦江巡游、上帆滴水湖赛。参赛帆船数量为35条ILCA6级和25条J80级，吸引了包括国际顶尖帆船运动员在内共计300人参赛[1]。作为彰显城市形象、传递城市精神的全新载体，上海帆船公开赛对标国际知名帆船赛事，努力打造具有国际影响力的城市自主品牌赛事。"三上"品牌在低碳环保、可持续发展等方面携手共进，传递体育与城市更新相互促进的理念，引领体育赛事对绿色环保理念的积极倡导。

二、大型体育赛事助力城市发展的有益经验

近年来，上海体育赛事体系不断完善、产业日益兴盛、综合效应日趋显著，为助力社会主义现代化国际大都市建设积累了经验，为建成全球著名体育城市打下了深厚基础。

（一）统筹规划：一体化构建，立体式布局

结构科学、布局合理的赛事体系，能更好地释放赛事综合效益，更好地形成赛事整体竞争力，是赋能全球著名体育城市建设的重要

---

[1]《首届"上帆"扬帆　与"上马""上艇"共同组成"三上"品牌　龚正启动比赛》，上海市人民政府网，2024年3月27日。

保障。近年来，《上海市体育赛事管理办法》《上海市体育赛事品牌认定体系》《上海市体育赛事评估体系》《上海市体育赛事扶持办法》《上海市体育赛事体系建设方案（2021—2025 年）》等一系列文件出台，系统引领和构建与国际体育赛事之都相匹配的体育赛事体系。

在赛事结构上，以国际重大赛事、顶级商业性赛事和职业联赛为引领，引进与培育并举，赛事类型不断丰富。根据《2024 年国际国内体育赛事计划（第一版）》，2024 年上海共举办 178 项国际国内体育赛事，其中既有首次落沪的奥运会资格系列赛、国际滑联四大洲花样滑冰锦标赛、世界泳联游泳世界杯、FISE 世界巡回赛、国际汽联电动方程式世界锦标赛等，也有强势回归的 F1 中国大奖赛、上海环球马术冠军赛等顶级赛事。

在赛事组合上，围绕单个运动项目，构建长线与短线相结合的赛事格局。以电竞赛事为例，形成了涵盖不同办赛主体（政府官方、游戏厂商、第三方赛事）、不同形式（线上、线下赛事）、不同级别（国际性、全国性、区域性赛事）、不同性质（职业和业余赛事）、不同类别（联赛、锦标赛、邀请赛和表演赛等）的全方位赛事体系。

（二）赛事设计：显城市文脉，彰本土特色

上海以特色品牌赛事为抓手，深入挖掘历史文化底蕴，围绕城市特色元素进行复制和延伸，将赛事充分融入城市文脉。例如，在赛道设计上，第一届上马途经"人民广场—西藏中路—南京东路—中山东路—南浦大桥—杨高路—陆家嘴路—东方明珠电视塔"，这些地点是当时上海最核心的地段，也是塑造上海国际大都市形象的重要元素。2023 年"上马"赛道以外滩金牛广场为起点，徐家汇体育公园为终点，途经南京路步行街、静安寺、淮海路、一大会址、新天地、龙华寺、徐汇滨江等，部分路线毗邻黄浦江畔，整个线路设计集中呈现了上海最负盛名的历史文化、人文景观以及标志性建筑，传承"最上海"的城市文脉。

在场地选择上，2022年上海杯象棋大师公开赛专业组冠军争夺战选择在上海中心大厦119层进行，632米高空尽收极致浦江美景。上海中心大厦特别为赛事亮灯助兴，打出字幕"第二届上海杯象棋大师公开赛决战'申城之巅'"，这个画面成为当日很多游客和市民发朋友圈的素材，赛事的媒体报道总量较上一年增加了3倍，实现了传统体育的一次"破圈"。

在细节勾画上，将赛事元素与城市元素互相植入，促进赛事融入城市意象体系。例如，上海城市定向户外挑战赛的完赛奖牌将东方明珠、武康大楼、上海中心等城市景观与阳春面、生煎、小笼包等上海传统小吃元素交汇融合，趣味盎然。2020年国庆期间，南京东路步行街的城市文化井盖印有"2020英雄联盟全球总决赛"字样和召唤师峡谷标志，将参赛的16支战队队旗暗藏其中。上海世博庆典广场开启特色互动装置，当玩家凑齐五人时，站到启动位置上就能再次点亮水晶，使上海化身为"城市峡谷"。

（三）组织运营：专业化运作，多主体协同

近年来，随着上海体育赛事市场化改革的推进，大量商业性赛事的举办加速了体育中介市场的壮大。美国国际管理集团、英国先行公司等诸多国外品牌体育经纪公司纷纷入驻上海，上海纷华体育经纪有限公司、上海点石体育经纪有限公司等体育经纪品牌不断涌现。在专

业化公司的悉心运作下，赛事组织水平和服务质量不断提高。2019年在上海举办的163项赛事中，有70%以上的赛事联合专业公司运营推广，20%以上的赛事赞助商数量超过10个，40%以上的赛事赞助商中包括世界500强企业或上市公司，20%以上的赛事总收入超过300万元，实现了从赛事运营、赛事保障到商业开发的全产业链市场化运作。

同时，积极推进政府引导、市场运作、社会参与的协同办赛新模式，整合体育企业、体育社会组织、高校和科研机构等各方力量共同参与。协同办赛模式规避了以往办赛模式的不足，既有效发挥市场机制资源配置的优势，也更好地发挥了政府作用。在筹办篮球世界杯、武术世锦赛等重大赛事的过程中，积极探索了政府、社会、市场高度协同的赛事运行机制。

加强体育资源交易平台建设是"十四五"时期上海体育发展的重要任务之一。《上海全球著名体育城市建设纲要》《上海市体育发展"十四五"规划》《上海市体育产业发展"十四五"规划》均对此作出部署，推动各类体育资源权益市场化，广泛吸纳具备交易条件和具有市场价值的体育资源权益，将体育类公共资源纳入公共资源交易平台和交易目录，极大地激发了竞赛表演市场活力。2016年，上海市第二届市民运动会总冠名招商项目在上海联合产权交易所体育产权交易中心协调完成，涵盖从包装策划、宣传推广、公开招商征集、意向合作方谈判，再到组织签约和资金结算的全过程。经过严谨规范的交易流程，运用产权市场成熟的竞价机制，绿地控股竞获总冠名权。这是上海市体育局创新办赛模式的成功尝试，也是体育主管部门和产权交易平台合作的成功案例。

（四）科学监管：闭环式管理，高质量服务

　　上海坚持以服务促监管，形成了"赛事认定—赛事评估—赛事扶持"的赛事监管与服务闭环，实现了提升赛事品质、释放综合效应、完善管理服务三大目标，整体推动上海赛事高质量发展。首先，开展赛事认证，上海市体育局推出"上海赛事"品牌认定体系，以赛事能级、办赛者资质、赛事规模、财务状况、城市曝光等为核心指标，将赛事认证分为全球影响力体育赛事（"P"赛事）、标志性体育赛事（"H"赛事）、培育型体育赛事（"D"赛事）3个等级，经认证后可获得"上海赛事"品牌认证证书，并允许在赛事宣传中使用"上海赛事"品牌认证标志，截至2024年1月已有19项赛事获得"上海赛事"品牌认定。[1] 其次，开展科学评估，每年出台《上海市体育赛事影响力评估报告》，评估当年度在上海举办的所有赛事的综合影响力和对建设国际体育赛事之都的贡献度。最后，参照品牌认定和赛事评估数据，为赛事提供资金扶持。

　　在赛事监管上，一是细化体育赛事监管工作流程。《上海市体育赛事管理办法》明确了赛事活动名称规范、赛事活动保障、赛事活动票务规范是体育赛事活动监管的主要内容。在赛事活动名称规范方面，上海市社体（竞赛）中心市场监管部与其他部门开展工作机制研究，将赛事活动名称规范职能纳入日常监管工作中。针对囤票、捂票等行为，与市公安局治安总队进行对接，加强票务实名制管理。二是加强体育赛事标准化建设。例如，上海市足球协会牵头制定的《上海

---

[1]《建设国际赛事之都的探索与实践——上海市体育工作创新典型案例》，国家体育总局网，2024年1月30日。

市足球培训机构管理规范》《上海市足球项目办赛指南》均已正式出台，不仅从运动项目专业发展层面对体育市场事中、事后监管提出指引，弥补了监管依据的不足，也从单项体育协会参与监管方面做出了探索。三是构建体育赛事信息采集渠道。2020年6月，上海"一网通办"平台上线了"上海体育赛事信息查询/公示"功能，创建面向全市的赛事信息采集渠道，并尝试将其与食品安全、公安、交通等相关部门政务系统打通，推动多部门对同一赛事的不同方面实现精准化监管。

（五）融合发展：文体旅互促，节赛展联动

上海通过资源共享、要素渗透、市场叠加、业态融合等，推动商旅文体产业互相促进，进一步放大了体育赛事的外部效应。2022年，环崇明岛国际自行车联盟女子公路世界巡回赛入选中国体育旅游精品项目的"精品赛事"，"一球致胜网球大师赛—上海劳力士大师系列赛""环法中国系列赛全民绕圈赛—上海临港新片区站""凯迪拉克长三角马术青少年联赛—上海嘉定站"入选长三角地区体育旅游精品项目的"精品赛事"。打造"赛事+文旅"运营模式，依托城市地标、旅游景区、重点商圈，推出一系列相关主题活动和精品项目，举办各类文旅、商业、体育、娱乐等节庆、赛事和活动，形成"以文聚力、以体铸品、以游促产"的良好生态。例如，2023年9月16日是上海旅游节开幕日，同时也是第三届上海赛艇公开赛开赛日。旅游节期间，共举办全国级以上体育赛事16场次，如斯诺克上海大师赛、国际滑联上海超级杯、上海杯象棋大师公开赛等，并与中国上海国际艺术节、金秋购物旅游季开展跨界联动。

会展业是推动各类产业升级和高质量发展的有效手段。上海以大型会展为平台，汇集资本、技术、人才、市场和媒体等资源，为赛事相关主体提供更多行业交流、产学研合作、人才培养和品牌推广机会。进博会的消费品展馆设"体育用品及赛事专区"，是体验项目最多的展区之一，NBA、亚洲电子体育联合会、任天堂、F1电竞中国赛等电竞游戏品牌都曾参展。上海体博会是国内首个融合体育赛事、体育文化和体育产业的大型体育博览会，2023年体博会集结众多国内外经典与新锐品牌，共吸引近7万名爱好者前来参观，上海申花与英超曼城参展，现场还有奥运会资格系列赛上海站四个运动赛事的科普内容展示，为正式比赛进行了预热。

（六）胸怀大局：当好领跑者，服务长三角

体育赛事在积极服务体育强国、健康中国、全民健身、长三角一体化发展等国家战略中发挥了重要作用。2019年上海的竞赛表演业增加值占全国总量的26%，2020年占比超过28%，是全国体育赛事发展的领跑者。每年举办的大型体育赛事覆盖项目全面，在有效提升大众化项目参与率的同时，促进了马术、赛艇、滑雪等小众运动项目的普及与推广。在专业赛事引领下，群众赛事也蓬勃发展，2023年上海城市业余联赛共举办赛事活动7895场，850万人次参与[1]。在东京奥运会和北京冬奥会的备战期内，上海积极承办"冬夏双奥"的奥运资格赛和选拔赛，2024年承办霹雳舞、滑板、攀岩和自由式小轮

---

［1］《健康上海　人人来赛　上海市第四届市民运动会推介会举行》，《上海体育》2023年12月28日。

车 4 个项目的奥运资格系列赛，为国家队备战奥运贡献上海力量。

在长三角一体化发展战略下，上海充分发挥龙头城市的赛事引领和辐射作用，依托体育总部经济和成熟的国际赛事运营经验，集聚大量高端体育赛事资源，充分利用体育产业、体育消费政策的先行先试优势，强化大型体育赛事的区域联动效应，推动长三角体育一体化发展。上海牵头成立长三角体育产业企业联盟，设立长三角体育产业人才培训基地，不断推进上海在产业统计、资源交易平台建设等方面的经验共享，加快与江浙皖三省的资源对接和互通；牵头设立长三角体育节、"桨下江南"水上马拉松等长三角品牌赛事，积累了丰富的区域赛事联办经验和有效合作机制；围绕环淀山湖流域，联动长三角地区的江、河、湖、海等水域自然资源，以兼具体验性和观赏性、发展潜力大、消费市场广阔的皮划艇、赛艇、龙舟、桨板、帆船等水上运动项目为特色发展方向，以举办精品赛事作为突破口，努力打响长三角水上运动的世界品牌。

三、大型体育赛事助力城市发展的不足之处

对标全球著名体育城市，上海大型体育赛事助力城市发展尚有提升空间，主要表现在以下几个方面。

（一）赛事供给有待丰富

一是国际重大赛事举办数量有待进一步增加。虽然上海每年举办众多国际级体育赛事，但奥运会等国际大型综合性体育赛事、单项最高等级赛事的举办数量与伦敦、巴黎等国际顶级体育城市相比仍有不

小的差距。例如，伦敦和巴黎举办过三次夏季奥运会，洛杉矶也将举办第三次奥运会。

二是国际体育赛事能级有待进一步提升。伦敦、巴黎、纽约每年举办的网球公开赛都是体现职业网球最高水平的大满贯赛事，伦敦马拉松、纽约马拉松、东京马拉松则是代表世界顶级马拉松巡回赛的世界马拉松大满贯赛事，巴黎环法自行车赛、洛杉矶橄榄球玫瑰碗赛等同样享誉世界。上海马拉松赛与马拉松赛六大满贯、上海 ATP1000 网球大师赛与网球四大满贯、上海赛艇公开赛与牛剑赛艇争霸赛等相比，在赛事级别、赛事规模、赛事吸引力、赛事竞争力、赛事影响力等方面仍有差距。

三是职业联赛影响力有待提升。伦敦拥有的英超球队数量约占整个英超球队总数的三分之一，纽约与洛杉矶是拥有四大联盟球队总数最多的两座城市。虽然上海也有诸多职业体育俱乐部落户，但职业赛事全球影响力有待提高，职业体育俱乐部号召力也有待加强。根据上海体育大学和国际体育经济学会联合发布的《2023 全球体育城市指数》显示，上海位列全球第 47 位、国内第 2 位，国内外排名均有上升空间。

（二）国际传播有待强化

目前，上海举办的大型体育赛事无论从赛事级别、赛事数量，还是办赛专业度来看，都得到了国际体育组织的高度认可，但在国际媒体和舆论场的关注度和影响力仍有待提升。一是"宣传本位"观念有待转变，体育赛事传播通常采用较为宏观的、官方的视角，报道倾向比较明显，对国际受众的需求、兴趣和接受习惯考虑不足，多为单向地输出信息，缺少与国际多元化受众的深层次互动。

二是策略方法有待改进。当前上海赛事传播以及媒介选择策略还比较单一，本土专业性媒体建设有待加强，传播内容与形式还需要不断优化完善，内宣和外宣的统筹仍需进一步加强。

三是舆论引导有待加强。目前上海仍缺乏对国际主流媒体的引导与借势，在体育赛事的国际传播能力和国际话语权方面与西方主要发达国家相比还有一定差距，以体育讲好上海故事、传递上海声音的实效性与针对性还需不断增强。

（三）产业融合有待深化

上海以赛事为契机，通过营造节假日赛事、夜间赛事等各类消费场景，实施"体育+"消费行动，不断推进文体旅服务的融合创新，但融合举措还需要进一步深化。一是融合发展的体制机制有待健全。各类资源分布在政府、企事业单位及不同行业间，缺少整体的统筹规划，没有形成常态化的多部门协同工作机制，仅靠单一部门协调难度较大。

二是融合发展的质量水平有待提升。当前，上海商旅文体展品牌的整体形象不够清晰，融合型的标杆性企业和示范性项目在数量和影响力上都还有较大提升空间，文化创新力和驱动力尚显不足，缺少兼具本土特色与国际影响力的爆款 IP。同时，产品形态、创意内容难以及时捕捉市场消费新趋势，市场供需较不平衡。从目前上海从事体育竞赛表演的市场主体来看，龙头企业有限，带动引领产业融合的作用仍有待加强。

第二节 "谋赛"亦"谋城"：大型体育赛事助力城市发展的启示

通过审视近年来的实践可以发现，上海大型体育赛事助力城市发展，主要围绕激发城市动能、推动城市更新、塑造城市品格等方面展开。

一、以大型体育赛事激发城市动能

体育赛事是体育产业中最具活力的要素，体育赛事是促进地方消费、带动相关产业振兴的重要抓手，能够催生多元的经济社会效益。

第一，为促进消费贡献体育力量。例如，2023 年举办的 118 项体育赛事共带动消费 37.13 亿元，其中核心消费 7.99 亿元、相关消费 29.14 亿元。赛事共带来 49.38 亿元的直接经济影响，且间接经济影响显著，其中产出效应 128.64 亿元，税收效应 4.25 亿元，就业效应 32268 个。赛事有力促进了旅游产业发展，对"吃、住、行、游、购、娱"六要素的拉动效应共达到 47.53 亿元，占拉动效应总和的 36.9%。其中"吃、住"为 10.7 亿元、"行"为 19.33 亿元、"游"为 8.69 亿元、"购"为 2.81 亿元、"娱"为 6 亿元。[1] 118 项赛事的现场受众规模达到 148 万人次，其中现场观众 129 万人次，参赛者 19 万人次，共产生 117.4 万篇次媒体报道。其中，为期 14 天的 ATP1000

---

[1] 王辉：《文体旅深度融合 助力上海体育高质量发展》，国家体育总局网，2024 年 3 月 13 日。

网球大师赛比赛共吸引近 20 万观众，经济拉动效应（产出效应）达 37.8 亿元，赞助、门票、衍生产品销售等均创历史新高。为期两天的上海赛艇公开赛吸引了 5 万多名上海市民及各地游客前往苏州河沿岸观赛，产生的餐饮、娱乐、游玩等多项消费总额达 4557 万元。

第二，更好地满足人民群众美好生活需要。118 项赛事中，国际级赛事 36 项，占比 30.5%；举办 7 届及以上的赛事 40 项，占比 33.9%。26.3% 的赛事吸引同级别（或同年龄）世界排名前 20 运动员（运动队）参赛，61.9% 的赛事采用国际级裁判员执裁。此外，32.2% 的赛事赞助商数量达 5 个及以上，39.8% 的赛事赞助商中含有世界 500 强企业。高质量的赛事运营和高水平的竞技带来了较高的满意度，现场观众对赛事表示"满意和非常满意"的比例超过 90% 的赛事达 86 项。[1] 特别是上海超级杯、上海虚拟体育公开赛等时尚赛事的举办，引领了体育潮流，激发了上海城市发展活力，为市民提供了更加丰富、个性、高品质的赛事选择。

二、以大型体育赛事推动城市更新

当前，上海的城市发展模式已经进入到从外延扩张转向内涵提升、从大规模的增量建设转向存量更新为主的新阶段。随着国际体育赛事之都建设的不断推进，大型体育赛事在助推城市更新中发挥了独特价值，主要表现在以下几个方面：

---

[1] 王辉：《文体旅深度融合　助力上海体育高质量发展》，国家体育总局网，2024 年 3 月 13 日。

第一，以举办大赛为契机，建设或改造了一批体育场馆及其配套设施，促进特定区域整体更新。早在20世纪80年代，为筹办第五届全运会，上海新建和改建了30余座体育场馆，为承办高级别体育赛事奠定了场地设施基础。20世纪90年代，上海以东亚运动会、上海喜力网球公开赛等大型赛事为契机，新建或改建了八万人体育场、上海体育馆、虹口足球场、国际网球中心等大型场馆，并先后建成一批越江隧道、高架路桥、轨道交通等重大项目，有力地推动了城市基础设施建设。为举办第14届国际泳联世界锦标赛，上海东方体育中心于2010年底正式落成，成为上海的标志性建筑之一。2018年以来，浦东足球场、徐家汇体育公园、上海自行车馆、国际马术中心、临港水上运动中心等重大项目建设及改造工作陆续推进。大型场馆的建造促进了特定区域的加速发展，推动其在赛后成为城市体育、文化、娱乐的集聚地。

表6-2　上海主要大型竞赛场馆

序号	场馆名称	区域	固定座位
1	上海体育场	徐汇	72000
2	上海体育馆	徐汇	12000
3	虹口足球场	虹口	32000
4	浦东足球场	浦东	33765
5	静安体育中心	静安	3700
6	东方体育中心	浦东	28000
7	梅赛德斯奔驰文化中心	浦东	18000
8	旗忠网球中心	闵行	18000
9	国际体操中心	长宁	4000
10	佘山国际高尔夫俱乐部	松江	——
11	上海国际赛车场	嘉定	70000
12	源深体育发展中心	浦东	20000

（续表）

序号	场馆名称	区域	固定座位
13	江湾体育场	杨浦	40000
14	宝山体育中心	宝山	7000
15	金山体育中心	金山	24000
16	久事国际马术中心	浦东	5000
17	崇明上海自行车馆	崇明	2000

第二，以户外赛事为抓手，结合"一江一河"建设规划，上海加快推动滨水空间设施优化。以"三上"赛事为代表，通过构造人本绿色的体育空间，以体造景、以赛聚人，推动黄浦江、苏州河沿岸从"城市锈带"逐渐转变为展现城市活力的"运动秀带"，从原来的经济水岸转变为景观水岸和人文水岸。一项针对滨江公共空间的评估研究显示，[1] 在浦江核心段 45 公里滨水空间打造的 15 分钟城市圈服务于上海 11% 的人口，为 480 万市民提供了优质的公共空间，63% 的受访市民表示每日增加了半小时的外出运动休憩时间，促进了上海"建设人人运动、人人健康的活力之城"美好愿景的实现。

第三，以重大赛事为特色，强化"五个新城"的核心功能，推动现代服务业能级提升。新城是上海推动城市组团式发展，形成多中心、多层级、多节点的网络型城市群结构的重要战略空间。上海持续推动建设项目资源和体育赛事资源向新城倾斜，为"五个新城"注入了发展动力，也带来了更多的发展机遇。例如，嘉定新城依托上海国际赛车场，成立了全国首个 F1 电竞中国冠军赛竞速实验室，打造全国赛车运动产业集聚区；青浦新城将环意 RIDE LIKE A PRO 长三角

---

[1]《"一江一河"让市民更愿外出　63% 受访者每天增加半小时运动休憩时间 | 高质量发展调研行》，东方网，2023 年 5 月 14 日。

公开赛融入新城自然生态，在打造独具青浦文化特色的自行车赛事品牌的同时，为长三角区域协同办赛积累了宝贵经验；奉贤新城通过引入索道滑水世界杯等高水平水上运动赛事，打造水上运动集聚区，建设"南上海运动健康新城"。

三、以大型体育赛事塑造城市品格

由于自然禀赋、历史传统、经济结构、社会结构等因素的差异，每座城市都有不同于其他城市的独特之处，形成了各自的城市品格。2018 年，习近平总书记在首届中国国际进口博览会开幕式主旨演讲中指出，"开放、创新、包容已成为上海最鲜明的品格"，强调"这种品格是新时代中国发展进步的生动写照"。高品质大型体育赛事同样具有开放、创新、包容的特质，在彰显城市品格中发挥着重要作用，已成为城市文化和城市精神的重要组成部分。

（一）开放，开启活力源泉

从历史发展来看，上海因开放而兴，因开放而盛；从地理区位来看，作为沿海城市与长江下游的城市，上海具有对外沟通与向内沿江带动周边地区的潜能。通商贸易让港口和运输发展起来，生产流通的各个环节带动了货物、资金、技术、人才等生产要素的汇聚。改革开放以来，上海以浦东开发开放为契机，承担起中国对外开放区域战略转移的重任，靠主动拥抱开放，以开放倒逼改革，显示出高远的世界眼光与博大的全局胸怀。

开放必然多元，多元必有竞争，竞争必然需要规则与法治，而体育赛事天然带有对外开放和公平竞争属性。赛事是入口，也是出口。据《上海体育志》记载，1850年上海租界出现了第一个赛马场，1852年黄浦江上第一次举办外国船员的赛艇比赛。上海也是我国最早举办国际赛事的城市之一，曾经成功组织了1915年、1921年、1927年三届远东运动会，成为中国走向奥运会的桥梁。改革开放以来，上海与国际体育组织积极开展合作交流，加强国际体育赛事推广与发展，吸引了一批国际体育赛事落户。从被动开放到主动开放，上海的大型体育赛事始终发挥着"城市客厅"功能，成为讲述中国故事和上海故事的绝佳平台。

（二）创新，激发不竭动力

上海是中国共产党的诞生地，演绎了波澜壮阔的革命、建设、改革实践。回顾上海城市发展的历史进程，每一次大突破、大发展的实现，都是因为选择了一个具有创新意义的大战略。作为改革开放的排头兵和创新发展的先行者，上海始终坚持把扩大开放同深化改革结合起来，把培育功能同政策创新结合起来，不断破除束缚生产力发展的思想障碍和制度藩篱，探索出了一系列具有突破性、前瞻性、引领性的制度创新。例如，土地批租和证券交易两项标杆性制度，对全国改革开放进程产生了全面且深远的影响。浦东社会主义现代化建设引领区、自由贸易试验区临港新片区、长三角生态绿色一体化发展示范区、中国国际进口博览会、虹桥国际开放枢纽等的建设实践，都生动诠释了中国特色社会主义制度的优越性和生命力。

上海举办大型体育赛事与其营商环境、市场环境及创新创业环境的制度创新紧密相连。1993年第一届东亚运动会首次摆脱了"所有赛事经费依赖政府"的历史，开启了我国体育赛事市场化运作的有益尝试。[1] 1996 年"东丽杯"上海国际马拉松赛开创了社会力量办赛的先河，吸引了上千名外籍运动员参赛，向世界展示了上海良好的投资环境、蒸蒸日上的风采。[2] 通过出台一系列体育赛事政策，推进体育赛事市场化改革，营造良好、规范的办赛环境，目前上海网球大师赛、国际田径钻石联赛等品牌赛事已全部由企业承办。世界摩托车越野锦标赛落户奉贤，填补了上海南部地区国际顶尖赛事的空白，开创了民营企业承办国际顶级大赛的先河。此外，在筹办篮球世界杯、武术世锦赛等重大赛事过程中，政府、社会、市场在赛事运营、赛事保障和商业开发等方面进行了联动办赛的积极尝试，凸显了上海的创新品格。

（三）包容，厚植人文底蕴

学者白吉尔认为："要真正认识上海的特性，除了需要研究上海的经济成就和社会演变，还要在蓬勃发展的'海派文化'中去找寻。"[3] "海派"是上海城市画盘中一抹浓郁的底色，历史地理的多重条件使得中国江南传统文化与欧美近现代工业文明在此相互碰撞吸收，不同地域特色、不同历史传统、不同文化背景的价值观念、审美情趣、民俗风情在此交流融合，形成了包容而自成一体的独特风格。

---

[1] 罗玉婷、陈林华、徐晋妍：《大型体育赛事助力上海城市国际化历程、经验及启示》，《体育文化导刊》2019 年第 12 期。

[2] 李鋆、李刚、黄海燕：《全球体育城市视域下上海体育赛事体系构建战略》，《上海体育学院学报》2020 年第 3 期。

[3] ［法］白吉尔：《上海史：走向现代之路》，王菊、赵念国译，上海社会科学院出版社 2014 年版，第 12 页。

海派文化的兼容性，除了反映在文学、美术、戏剧、建筑等艺术作品上，还渗透到饮食、服饰等日常生活的方方面面。对多样性文化的包容心态、包容能力、包容空间和包容制度的培育使海派文化形成了中西、雅俗、古今等多元文化和谐共生的良好生态，形成了为广大市民所认同的城市精神和城市品格。

体育是世界通用语言，多样与包容是体育文化的魅力所在。大型体育赛事让不同国家和地区、不同文化背景的运动员、教练员、裁判员等奔赴同一座城，也以赛场赛事和仪式庆祝等活动吸引广大观众、市民、游客参与其中。一场体育盛会，不仅是竞技的舞台，也是文明互鉴与文化交流的舞台。2023年，在上海马拉松赛3.8万名参赛者中，外籍跑者占比12%，国内外跑者超过1万人，占比28%，还首次迎来了来自中国台湾地区的精英选手，这是体育赛事包容性的有力体现。上海杯象棋大师公开赛以象棋为媒介促进中华传统文化与世界多元文化交流，并首次走出国门，与欧洲象棋联合会共同举办德国站比赛。"海纳百川、追求卓越、开明睿智、大气谦和"的城市精神，促进了国内外体育资源要素在上海的集聚和高效的配置，为打造东西合璧、多元融合的体育赛事体系提供了有利条件。

第三节　从"营城"到"赢城"：大型体育赛事助力城市发展的路径

功能引领发展，功能主导竞争。城市功能是城市影响力、吸引力和竞争力的重要载体，城市发展的过程就是城市功能不断变化、不断叠加并日益完善的过程。全球城市具有超越一般城市的功能，在全球资源配置、科技创新、产业发展等领域发挥着重要影响力。[1]上海在城市发展过程中，国家赋能的特点相当突出，要把上海未来发展放在中央对上海发展的战略定位上来谋划和推动。2019年11月，习近平总书记在上海考察时提出了强化"四大功能"的要求，即强化全球资源配置功能、科技创新策源功能、高端产业引领功能、开放枢纽门户功能。从发展基础和现实需求来看，推动上海大型体育赛事高质量发展必须为强化"四大功能"服务，需要立足"四个放在"进行思考和谋划，更好地助力上海成为国内大循环的中心节点和国内国际双循环的战略链接。

一、强化全球资源配置功能

全球资源配置是资源要素突破国界，依托全球资源要素网络、核心市场平台以及通行规则制度，在全球范围内进行配置的过程，是经济全球化的产物。[2]一个城市的全球资源配置能力是指该城市在全球范围内吸纳、凝聚、配置和激活城市经济社会发展所需的战略资源的能力，它反映了一个城市在全球范围内进行资源配置的规模、质量和效率。全球资源配置能力越强，意味着可以在更加广阔的空间范围内充分利用各种资源开展经济活动，从而取得最佳的经济效益，在发

---

[1] 上海市人民政府发展研究中心：《上海强化全球资源配置功能研究》，格致出版社2021年版，总序页。

[2] 上海市人民政府发展研究中心：《上海强化全球资源配置功能研究》，格致出版社2021年版，第2页。

展和竞争中立于不败之地。全球资源配置能力既影响和决定着城市自身的发展，也对本国在全球经济社会中的发展产生重大影响。

大型体育赛事具有很强的资源集聚能力、链接能力与辐射能力。一方面，顶级赛事能吸引世界顶尖的运动员、教练员、裁判员参加，汇聚全球最优质的体育人力资源要素；另一方面，体育资源通过转播、赞助、营销等运营环节，能吸引数量巨大的流量和资金，从而让人流、物流、资金流、信息流、技术流等汇聚起来、流动起来。只有掌握核心赛事资源，才能在重要体育生产要素议价、重要国际规则洽谈上掌握更大的话语权，成为支配和控制资源流向的主导者。

（一）强化市场主体能力

体育企业和体育组织是进行赛事资源配置的主体，不仅带来资源要素的汇聚，也通过参与市场交易、产业组织管理、产业链关联等渠道来控制、协调和引领赛事资源要素的流动与配置。因此，要不断强化体育市场主体的资源配置能力。

1. 充分激发头部企业活力

头部赛事企业在体育产业链上居于"链主"地位，链接着全球价值链上的生产和服务主体，能通过组织网络开展全球业务活动来实现城市间的连接，直接影响到赛事资源要素的国际中转和布局。上海要加大本土世界级体育赛事企业培育力度，一是持续壮大国有体育赛事企业。通过推动改革、加大投入、整合资源、资产重组、资产置换及引进战略投资合作伙伴等方式，进一步发挥久事体育、东浩兰生等国有企业作用，积极承办国际影响力大、社会价值高的体育赛事。二是培育国内外领先的综合性体育企业。鼓励体育企业通过强强联合、跨地区兼并重组、境外并购和投资合作等途径，促进规模化、品牌化经营，共同培育品牌知名度高、国际竞争力强、行业带动性大的体育企业。三是打造具有全球影响力的百年俱乐部。支持上海上港、绿地申花、久事男篮等职业体育俱乐部引入现代企业管理制度，形成具有上海特色的有辨识、可传承的俱乐部文化，引导俱乐部积极融入城市和社区发展，积极践行企业社会责任。

2. 扶持高成长性中小企业

重点扶持体育竞赛、传媒、策划、咨询等新型业态中小体育企业发展，提供用地、资金、人才等方面的支持，为高成长性企业发展拓宽空间。鼓励中小体育企业特色化发展、专业化运营、精细化管理，在遵循市场发展规律的基础上，适当促进体育资源和生产要素向优质企业集中，通过企业兼并、投资合作、流程再造等方式整合和优化体育市场主体，打造一批具有持续盈利能力、管理优势突出、产业链完善、营销渠道多元的骨干企业，培育一批细分领域的"专精特新"企业、"瞪羚企业"和"隐形冠军"企业。提升中小企业抗风险能力，加强重点赛事全产业链直接与间接经济损失监控。

3. 深化运动项目协会改革

运动项目协会不仅是该运动重要的管理主体和核心的推广力量，同时也是该项目市场产品的主要供给者，很多运动项目赛事往往由运动项目协会举办。上海要不断深化运动项目管理体制改革，做实做强运动项目协会，更好地释放产业发展活力、提高资源配置效率。要进一步理顺政府、市场、社会三者关系，明确运动项目协会功能范围，发挥协会在项目普及推广、职业化改革、制定标准规范、规范赛事活动、开展资质评定、推动行风建设等方面的重要作用。尤其是要加强协会的资源对接功能，积极主动为会员与其他机构交流提供平台。

（二）搭建资源交易平台

交易平台是资源要素集聚、组合和交易活动进行的场所，发达、开放、高效的交易平台是构筑资源配置功能的重要支撑，有利于吸引国内外各类资源交互流转。上海要充分发挥平台载体作用，不断拓宽赛事资源交易的范围与空间。

1. 完善体育要素市场

要素市场是提高要素配置效率的基础。[1] 上海要进一步推进体育要素市场化改革，根据《中共中央 国务院关于加快建设全国统一大市场的意见》《国务院办公厅关于促进全民健身和体育消费　推动体育产业高质量发展的意见》等有关文件精神，围绕构建全国统一大市场，深化体育领域"放管服"改革，进一步放宽各类社会力量、要素资源进入体育领域的准入限制，消除社会力量办赛的制度障碍和隐形壁垒。要搭建各类体育中介服务市场，促进赛事相关生产要素进入市场，特别是减少优秀运动员、场馆等资源的行政垄断。要在市场机制作用下提高要素资源配置效率，保障赛事交易融资投资、技术交易交流、人力资源流动服务、信息发布沟通、知识创新管理等活动顺利进行。

要进一步促进和规范赛事版权市场发展。当前，各类新媒体已进入转播方市场，客观上形成了对体育赛事转播权的竞争市场，大幅度

---

[1]　李刚、张林：《中国现代体育市场体系发展的历史溯源、现实审视与路径选择》，《体育科学》2020 年第 9 期。

提升了转播权的出售价格，提高了转播权在市场中配置的效率；同时，体育赛事转播权拥有者把转播权出售给新媒体，也是看中了新媒体拥有广泛的用户群体和广受欢迎的多样平台，可以扩大赛事的影响力和知名度。一方面，要打破目前赛事转播权相对垄断的局面，建立健全体育赛事版权的产权制度，健全要素市场化价值机制，形成真实反映要素市场供需关系的市场化要素价格体系；另一方面，要完善体育赛事版权保护制度，支持数字版权保护技术研发运用，充分利用新技术创新版权监管手段，提高执法有效性和精准度，着力整治未经授权等非法转播体育赛事节目的行为。

2. 做大做强交易平台

体育资源交易平台的服务范围涵盖赛事举办权、赛事冠名权、合作伙伴和供应商等体育项目招商的赛事权益类交易标的，是促进赛事资源有序流转的重要载体。要继续支持上海联合产权交易所体育资源交易平台建设，广泛吸纳具备交易条件和具有市场价值的体育赛事资源权益，活跃交易流转和赛事衍生品创新。深化公共体育资源交易平台整合共享，将体育系统内的无形资产纳入公共资源交易平台进行公开规范交易，鼓励赛事举办权、赛事转播权、场馆运营权、运动员转会权、无形资产开发等有关国有体育产权进行市场化配置。完善交易规则和信息披露制度，形成涵盖赛事产权界定、要素价格评估、流转交易、担保、保险、企业股权交易、场馆运营租赁、赛事招商引资等业务的综合服务体系。

（三）优化生产要素供给

资源集聚是资源配置的基础和前提，生产要素及其流量是全球资源配置的基础。以大型体育赛事强化全球资源配置功能，就要充分吸引区外的体育物资、资金、人才、技术和信息等资源要素集聚于此，并进行重组、整合和运作，进而带动体育及相关行业的发展。通过高效、有序和规范的流动，使各生产要素实现其价值，并且通过循环不断地流动进一步扩大规模。

1. 提升人力资源质量

党的二十届三中全会提出，教育、科技、人才是中国式现代化的基础性、战略性支撑。体育赛事对人力资源的依赖性很强，顶尖赛事人才在全球范围内都属于稀缺资源。当前上海高素质、高层次的体育赛事人力资源相对短缺，需要进一步提升供给质量，为大型体育赛事强化全球资源配置能力提供智力支撑。

第一，做好体育赛事人才的前瞻布局储备。一是围绕具有发展潜力的运动项目，布局不同类型的运动项目人才，针对足球、篮球、网球、高尔夫等市场化程度较高的运动项目加强职业体育人才培养。二是围绕体育竞赛表演产业体系建设，加强对从事 IP 管理、赛事运营、运动员经纪、赛事活动经纪等人才的培育，加快推进体育金融、体育法律、体育信息、体育中介咨询、体育创意营销、体育产品研发设计等生产性体育服务业人才发展。

第二，提高体育赛事人才的供需匹配效率。一是健全人才流动的保障体系，推动赛事的经济效益合理转化为人才的收入增益，增强对全球优质体育人才的吸引力。二是推进体育赛事人才供给侧结构性改革，建立多方参与的现代体育赛事人才培训开发体系。鼓励本市有条件的高校设置相关专业，推动体育高水平学科交叉融合发展，培养跨学科复合型体育赛事人才。鼓励企业参与人才培养合作，使相关职业资格更贴合产业实际需求，培养经营管理人才和高技能应用型人才。根据发展需要，将紧缺急需的体育赛事相关职业技能培训项目列入上海职业技能补贴培训目录。

2. 扩大资本有效供给

资本要素是获取其他生产要素的重要手段，是促进竞赛表演业规模扩张的重要动力。2022年，上海体育产业私募投资基金（有限合伙）正式完成相关工商注册手续，基金目标募集规模为3亿元人民币，对激发体育企业活力、促进产业发展起到重要作用。要进一步发挥社会力量办赛的主动性和积极性，促进办赛资本有序扩张。

第一，拓宽资本来源渠道。建立健全体育赛事领域资本运行的引导机制，创新政府和社会资本合作模式。依托上海金融市场优势，支持和引导体育赛事企业开展投融资，拓展银行业、保险业等服务竞赛表演业的直接融资功能。基于体育领域 PPP（Public-Private Partnership，合作伙伴关系）和体育基础设施领域不动产投资信托基金（REITs）的潜力空间，探索体育赛事资产证券化发展路径。

第二，促进资本有序扩张。坚持"人民城市"理念，强化赛事公益属性，在促进资本扩张的同时要谨防被资本裹挟。加强对体育赛事领域投融资行为的监管，规范运动项目协会在资源释放、体育场地设施建设管理、体育赛事运营管理、职业体育发展、境外资本引入等过程中的投融资行为，及时防范资本狂热、激励不当、投向偏差等风险隐患。

3. 提升场馆利用效率

人地矛盾是全球城市发展过程中不可避免的问题，上海2017年底建设用地规模已达到3169平方公里，距离2035年不超过3200平方公里的控制目标只有 31 平方公里。体育场馆作为典型的城市公共空间，是城市更新的重要触媒，在改善城市形象、优化产业布局、增强区域发展活力等方面具有重要作用，是提升人民群众生活质量和公共体育服务获得感、幸福感的重要载体。解决好大型体育场馆的供给保障问题，提升其利用效率至关重要。

要全面统筹体育场馆资源开放利用工作，一是将体育场馆建设与改造纳入城市更新计划。对于新建场馆，要注重前期规划，明确业态选择、空间布局、基本设施等条件，制定相应的地方标准。对于已有场馆，要注重赛事遗产开发，加强综合利用，着重考虑赛后如何继续服务当地居民，开发场馆的综合功能。对于户外赛事，要在保护环境的前提下适当开发户外运动资源，选取部分区域开展试点工作，在自然资源承载范围内积极推动可利用的水域、空域、绿地等自然资源向户外赛事开放。二是强化多元业态开发，以丰富的内容供给提高体育场馆使用率。积极引进和培育文艺演出、体育培训、会议展览、餐饮娱乐、旅游休闲等各类商业资源入驻体育场馆，通过可持续的运营保持体育场馆活力，避免闲置与浪费。三是鼓励建设不同类型的城市体育服务综合体，满足多元化、个性化消费需求。将举办体育赛事作为吸引客流、提高知名度的重要手段，为周边衍生配套业态带来发展红利，实现对综合体的全方位立体化营销。

二、强化科技创新策源功能

科技创新策源功能始于科技领域对自主创新和掌握核心技术的国

家发展战略的响应，[1]在《关于面向全球面向未来提升上海城市能级和核心竞争力的意见》中，将创新策源能力概括为"努力成为全球学术新思想、科学新发现、技术新发明、产业新方向的重要策源地"。当前，新一轮科技革命和产业变革正在重构全球创新版图，重塑全球经济结构，高质量发展日益取决于科技创新的高水平，科技创新贡献度成为高质量发展的核心指标。《"十四五"体育产业发展规划》提出："坚持创新驱动，以科技创新为引领、以数据为核心生产要素，创新体育产业商业模式和治理模式，提高体育产业运行效率，提升体育产业数字化、智能化发展水平。"随着 5G、VR/MR、大数据、人工智能、元宇宙等新一代信息技术的不断成熟，新技术在竞赛表演业的应用不断加速。研究表明，大型体育赛事中普遍存在着科技聚散发展模式，产生了突出的聚散效应，并通过科技聚合与扩散工程的实施来实现科技价值增值的目的。[2]要紧抓上海全面推进城市数字化转型、促进创新型经济发展的良好契机，推动体育赛事与科技创新加速融合、双向赋能。

（一）提升自主创新能力

科技创新为大型体育赛事描绘了智能图景，提升了赛事的观赏性和安全性。同时，大型体育赛事作为特殊创新平台，能促进规模化、集群化技术创新，进而促进自主创新能力提升和科技产业发展。因

---

[1] 中共成都市委党校课题组、林德萍、王燕枝：《成渝地区双城经济圈背景下成都科技创新策源路径研究》，《成都行政学院学报》2022 年第 2 期。

[2] 董传升：《大型体育赛事中科技价值传导的聚散模式研究》，《科技管理研究》2010 年第 19 期。

此，要不断提升赛事领域自主创新能力，构建和完善体育科技应用的支持体系。

1. 加快高新技术应用

锚定科技与赛事融合的重点领域和关键环节，以优化科技创新资源投入和配置为关键，加强科技在体育赛事用品、体育赛事服务、体育赛事新领域的赋能，拓展体育赛事多元空间。研发主体方面，以科研机构和高等院校为主体，建立体育科技自主创新平台，开展体育赛事自主核心技术、前沿引导技术、集成传播技术研发。鼓励体育企业建立自己的技术开发机构，加强共性关键技术研发突破。技术内容方面，加强大数据、AI、5G、VR/AR 等技术在体育赛事规划、赛事运营、场馆建设等方面的应用，从办赛、参赛、观赛等环节全方位展现赛事魅力，为参赛运动员和观赛群众提供更多高品质的参赛、观赛体验。加强赛时人流车流监控、比赛设备安全管理、应急事件预警预案管理、分区动线管理等智能化管理，提高赛事安全水平。聚焦长三角生态绿色一体化发展示范区的生态绿色发展战略，加强能源综合利用、资源循环再生、建筑材料技术等方面的创新，提升为上海大型体育赛事提供低碳方案的技术支撑和服务能力。

2. 构建科技支持体系

利用大型体育赛事举办契机，建立在短时间内聚合科技力量进行技术创新活动的工作机制，创新体育科技管理制度，加快体育科技政策集成，加大体育科技创新投入。聚焦产学研协同发展，加强体育赛事的科技合作和资源共享，建立信息共享平台，鼓励研发机构、高等院校与企业联合推动科技成果转化。将高层次体育赛事人才纳入上海人才引进的政策范围，在人才落户、住房补贴、子女教育、健康保障等方面给予政策倾斜。

（二）强化数字经济赋能

数字经济是以数据为关键生产要素，以数字技术为核心驱动力量，以现代信息网络平台为纽带，以数字基建为支撑，通过与实体经济深度融合所形成的新型经济形态，是重组全球要素资源、重塑全球经济结构、改变全球竞争格局的关键力量。要借助数据、数字技术和网络平台等对竞赛表演全产业链进行流程再造和创意开发，打造智慧化赛事场景和赛事消费产品，推动体育赛事经济形态由物理世界向虚拟世界延伸。

1. 大力发展虚拟体育

虚拟体育作为一种赛事新形态，通过虚拟技术和互联网平台，打破时间、空间的限制，大大拓展了体育赛事的观赏性与参与性。《奥林匹克2020+5议程》明确鼓励开展虚拟体育，工信部等五部门联合印发的《虚拟现实与行业应用融合发展行动计划（2022—2026年）》也将"虚拟现实＋体育健康"作为重要应用场景。要围绕要素数字化、过程数字化和产品数字化，鼓励发展虚拟体育赛事，进一步做大做强上海虚拟体育公开赛、电竞上海大师赛等，并将其打造成为上海标志性品牌赛事。鼓励市场主体搭建虚拟体育赛事的直播转播平台，提供一站式、标准化直转播制作和数据服务，拓宽内容传播渠道，带动资讯、直播、经纪、装备等周边产业发展。建立健全虚拟体育赛事标准规范和赛事架构，实现主管部门有效监管、互联网平台自我规制、企业自治担责的良性局面，引导行业健康发展。

围绕打造"全球电竞之都"目标，对标国际最高标准、最好水平，彰显上海特色，构建资源要素集聚、基础设施完善、营商环境良好的电竞产业生态圈。发挥市场主体作用，开发一批形态丰富、社会效益和经济效益相统一的电竞产品，鼓励开发电竞衍生品，推动电竞产品、赛事品牌、电竞战队、场馆运营、直播平台等各个关键环节有序竞争，带动电竞资讯、电竞栏目、电竞经纪、电竞装备等周边产业蓬勃发展，加快电竞音乐会、电竞主题乐园、电竞主题演出、电竞教育培训、电竞论坛等新业态领域布局。推动智能制造、人工智能、未来通信等先进技术成果服务应用于电竞内容生产，集聚一批创新发展、具有核心竞争力的头部电竞企业和战队，鼓励电竞企业积极搭建海外推广平台。举办一批专业性强、认可度高、具有国际影响力的电竞顶级赛事，建成一批业态集聚的电竞园区和功能健全的电竞场馆，培育一批创新引领、专业技能突出的电竞高端人才，持续发挥 China Joy 等产业平台作用。

2. 提升数字治理水平

要充分发挥数据的基础资源和创新引擎作用，推进体育赛事数据资源有效汇聚、深度挖掘和共享利用，推进数字化技术在体育赛事管理与服务中的应用。建设体育赛事供需监测大数据平台，提高需求响应速度、应用部署效率和信息安全服务能力。加快建设数字化治理标准，建立相应的元数据标准、大数据指标体系以及数据库资源编码体系，加快研制包含基础设施、治理内容、治理效果等在内的体育赛事数字化治理的建设标准与评估体系，建立体育赛事数据安全与权益保护机制。

加大商旅文体融合的数字化、信息化建设，通过人工智能、大数据、云计算等领先技术实现业态转型升级，打造沉浸式、体验型融合消费场景。提供便捷化、智能化、一站式的新公共服务，更好满足多样化、多层次需求。建立商旅文体数据多主体共建共享体系，完善跨区域、跨层级、跨部门的数据协同治理，横向加强与运营商、公安、交通、气象等部门的数据协同联动，实现多源数据的接收整合、挖掘分析、动态展示。

三、强化高端产业引领功能

竞赛表演是最具影响力、带动力和辐射力的体育表现形式，在体育产业中居于龙头地位，对挖掘和释放消费潜力，保障和改善民生，打造经济增长新动能具有重要意义。大型体育赛事要按照"高端、数字、融合、集群、品牌"的产业发展方针，通过国际化供给吸引海外优质资源，以开放性市场深化商旅文体融合，以高水平技能促进专业服务升级，更好地集聚高端产品与服务的功能，不断增强城市经济联系、协作与带动作用。

（一）以高品质供给吸引全球资源集聚

外资是联结内外循环的重要媒介和载体，通过在全球范围内整合国际要素、布局国际产能、开拓国际市场和利用国际规则，将内外循环连接起来。[1] 尤其是以跨国公司为主的高能级市场主体，通过组

---

[1] 刘鑫、顾雪芹：《外资提升双循环战略链接功能的新机制和新路径：以上海为例》，《社会科学》2022 年第 12 期。

织网络开展全球业务活动来实现城市间的连接，直接影响到资源要素的国际中转和布局。要以大型体育赛事为抓手，以更高质量的产品服务供给吸引全球优质资本、品牌、消费者集聚于上海，形成更大市场空间和更多共赢机遇。

1. 吸引更多跨国公司总部落沪

跨国公司作为经济全球化的产物，在全球经济格局中扮演着重要角色，是全球资金、人才、技术、信息、货物等资源要素配置的主体和推动者。跨国公司总部往往决定着国际要素的流向与规模，对全球要素流动、要素价格等具有管控力和影响力，其集聚度也反映出该城市在全球城市网络中的地位与影响力。随着改革开放的不断深化，特别是上海成为改革开放的排头兵，跨国公司总部在上海加速集聚与发展壮大，形成了庞大的外向经济、总部经济和服务经济体系，但体育类跨国公司总部无论是数量上还是能级上与其他全球城市还有较大差距，体育用品及相关产品销售、出租与贸易代理类企业居多，总部结构仍有待优化。

要以优质的国际化供给来加大体育跨国公司总部机构招引和服务力度，为外资企业提供更广阔的市场机遇。紧抓体育会展经济的溢出效应，以"展"促"产"，借助中国国际进口博览会的国际化开放优势，推动全球优质资源汇聚上海。积极参展中国体育文化博览会、中国体育旅游博览会等国家级展会，推介上海体育资源"走出去"。支持在沪标杆性展会增设体育板块，提升体育产业显现度和影响力。鼓励各区积极引进体育龙头企业落户，对设立地区总部、板块业务总部、研发中心、实验室、技术研究院、销售中心等给予政策支持。提升耐克等综合性地区总部集中运营管控和资源调配功能，支持现有中国区总部升级为亚太区总部。加强沟通交流，通过召开政策解读与宣讲会、开展专题培训等方式，帮助跨国公司总部及时全面了解相关政策措施。

2. 吸引更多境外消费者来沪

借助打造国际消费中心城市契机，以体育赛事为元素，形成体育及相关供给方万商云集、商圈闻名遐迩、模式丰富多彩的消费环境。依托黄浦江与苏州河以及大型体育场馆、体育公园、体育综合服务体等特色资源，布局一批业态多元、主题鲜明的消费新地标。结合大型体育赛事的举办节点，支持举办球迷狂欢夜、球迷嘉年华等赛事相关活动。丰富夜间体育赛事活动，优化观赛配套服务，打造"国际范""时尚潮"的夜间体育赛事消费空间。

制定实施更便利的境外人员来沪政策措施，提高人员无感通关效率。提升境外人士来沪支付便捷化水平，扩大移动支付交易方式的兼容性。可借鉴日本"红色西瓜卡"、香港"八达通卡"等一次性储值卡的服务方式，探索外籍人士在沪交通、购物、餐饮凭卡免密使用。

（二）以开放性市场深化商旅文体融合

体育、文化、旅游都是满足市民高品质、多样化需求的幸福产业，有着相似的产品特性、价值取向和受众对象，具有天然耦合性。商旅文体多元融合是国际大都市中央商务区、中央活力区发展的基本要素，是大都市核心区提升服务功能和辐射能级的重要手段。推动商旅文体深度融合，既需要现实载体的支持，也需要体制机制的保障。

1. 创新融合发展的功能业态

以大型体育赛事为依托，根据赛事的空间布局、垂直细分市场，开发、打造赛事相关产品和场景，推动商旅文体多方位、全链条融合。一是以精心打造巴黎奥运会资格系列赛为契机，充分利用自由式小轮车、霹雳舞、滑板和攀岩项目的年轻化、潮流化特征，融入城市时尚元素和节日氛围，推动新兴运动与艺术、音乐和文化融合。二是加快发展以上海自主品牌为主的体育赛事和节庆活动体系，充分利用上海红色文化、海派文化和江南文化特色，精心设计路线、活动、产品，打造一批"跟着赛事去旅行"的商旅文体融合品牌。三是将体育赛事作为打造世界级地标性商圈商街的元素，运用新技术跨界跨业融合，发展高科技、定制化、体验式的新业态，培育融合时尚、文化、休闲、健康等多重体验性功能的复合消费新模式，更好地满足消费者个性化、定制化以及在场景中互动参与体验的新需求。四是发挥会展的平台作用，增设体育文化博览会、体育用品展览会、体育品牌推介会、体育商会等活动，丰富体育赛事产品链。五是推动有影响力的体育赛事融入上海国际电影节、中国上海国际艺术节、上海旅游节、上海购物节、上海时装周等大型节展活动的宣发推介环节，形成日常宣传、重大活动宣传、重大节庆宣传等有序融合的宣传节奏，增强体育赛事与上海品牌的整体营销。

2. 优化融合发展的空间形态

优化规划布局，完善基础设施，串联体育场馆与商业设施、旅游景点、历史建筑、文化地标、时尚展馆、滨江岸线等形成的多元化空间，打造功能融合、整体联动、有序衔接的特色消费空间，形成若干商旅文体深度融合的标志性产业集群。建立产品开发产业链，形成集群效应。借鉴国际大都市核心区"后街经济"模式，围绕主街发展，培育形成体育运动、海派文化、艺术人文、休闲娱乐等各具主题特色和消费场景的后街群落，协力主街共同构成完整的商旅文体展生态系统。推动体育赛事在嘉定、青浦、松江、奉贤、南汇五个新城落地布局，发挥体育赛事在五个新城体育产业发展中的引领作用，突出区域特色，减少同质化竞争。

3. 完善融合发展的体制机制

进一步打破行业壁垒，注重资源整合利用，构建商旅文体融合发展机制。加强顶层设计，构建"项目共推、客流共享、标准共建、平台互联、主体互动、宣传互通"的联动机制，有效利用并共享来沪参加商业、旅游、文化、赛事等活动的大客流资源。建立商旅文体融合发展资金保障机制，成立商旅文体融合项目招商机构，设立专项扶持资金。推动商旅文体资源保护和创新发展，鼓励各区形成具有当地特色和商业价值的文体旅 IP，做好知识产权保护工作。

（三）以高水平技能促进专业服务升级

专业服务业具有高水平的知识密集性，属于现代服务业的重要组成部分，其中的很大一部分并非直接面向消费者，而是以人力资本和知识资本作为主要投入品，为生产性企业提供相关配套服务。在企业发展周期的不同阶段，面向不同市场、不同环境，对于专业服务的需求各不相同。因此，专业服务业的集聚程度代表着区域经济和各产业领域的连接能力和辐射能力，是衡量城市服务能级的重要标准。

1. 促进与规范体育中介市场发展

要促进与规范体育中介市场发展，一是鼓励开展赛事推广、运动员经纪、体育保险、体育广告、体育营销等中介服务，充分发挥体育中介机构在沟通市场需求、促进资源流通等方面的作用。鼓励各类中介咨询机构聚焦竞赛表演价值链的关键环节，向赛事相关机构提供经济信息、市场预测、技术指导、法律咨询、价值评估、人员培训等服务。二是通过政策扶持和项目引领，引进国内外知名的体育中介公司、高端人才及其先进管理经验，创办一批品牌效应突出、市场竞争力强的体育中介服务机构。三是优化体育中介机构的组织结构体系，逐步形成公司制、合作制、合伙制等多种经营形式并存的发展格局，培育以专业体育中介公司为主的市场竞争主体。四是加强与国际体育组织合作，将优质资源、前沿理念、先进模式和高端人才引进体育中介服务市场。五是加强体育经纪人执业资格培训，提高体育经纪人队伍的专业技能和服务水平。

2. 推动知识密集型专业服务发展

高度发达的产业服务环境往往集聚了众多会计、律师、中介、金融、咨询、评估、研发等高端专业服务企业，为体育赛事高质量发展提供了重要支撑。一是加快培育体育赛事领域法律、咨询、会计、科学研究、工程技术等市场服务主体，充分发挥知识密集型体育专业服务的资源配置、枢纽组织和平台服务功能。二是培育中间性体育组织，支持上海体育产业联合会等社会组织加快发展，鼓励组建上海体育专业服务业联盟，整合行业资源，推动跨界融合、组团式发展。三是引进和举办具有国际顶尖水平的论坛、峰会等活动，深化与专业机构的合作，为赛事高质量发展提供重要的智力支撑。

四、强化开放枢纽门户功能

强化开放枢纽门户功能，就是围绕更好促进国内国际两个市场、两种资源联动流通，统筹重点突破与系统集成相结合、对内开放与对外开放相促进，着力强化开放窗口、枢纽节点、门户联通功能，着力推动规则、规制、管理、标准等制度型开放，率先基本形成更高水平开放型经济新体制，其核心就是加快打造国内大循环的中心节点和国内国际双循环的战略链接。党的二十届三中全会提出，开放是中国式现代化的鲜明标识。必须坚持对外开放基本国策，坚持以开放促改革，依托我国超大规模市场优势，在扩大国际合作中提升开放能力，建设更高水平开放型经济新体制。在构建"双循环"新发展格局下，上海要立足对内对外"两个扇面"的开放优势，成为两个市场、两种资源交易交换的"中枢站"。重大国际赛事是我国与其他国家以及国际组织沟通交流的重要平台，不仅有助于展示国家形象、促进体育交流，也能推动体育产品与服务、技术、资本在国内和国际市场之间流动。要把体育赛事作为"引进来"和"走出去"的重要平台，更好实现国内国际双循环能量交换。

（一）高质量引进来与高水平走出去相结合

1. 加强与国际体育组织合作

国际体育组织拥有全球体育事务话语权、裁决权，不仅垄断全球顶级体育赛事资源，而且掌握全球体育城市评价话语权。要建立与国际体育组织的合作伙伴关系，一是主动争取国际单项体育协会或国际权威体育数据分析机构等在上海设立中国地区唯一分支机构或全球体育业务运营中心。二是积极对接国际体育组织，提高上海申办世界顶级体育赛事的入选概率，争取获得世界顶级体育赛事举办权。三是对标国际组织的全球胜任力评价标准，加强体育人才可迁移能力、专业知识技能与个性特征的培养，推动更多本土人才到国际体育组织任职，提升国际话语权。

2. 营造全球一流的营商环境

党的二十届三中全会指出，科学的宏观调控、有效的政府治理是发挥社会主义市场经济体制优势的内在要求。必须更好地发挥市场机制作用，创造更加公平、更有活力的市场环境，实现资源配置效率最优化和效益最大化，既"放得活"，又"管得住"。营造市场化、法治化、国际化一流营商环境，是政府有效治理的积极体现，也是更大力度、更加有效吸引和利用外商投资的重要手段。要促进体育跨境投资便利化，按照《上海市鼓励跨国公司设立地区总部的规定》要求，给予享受资金奖励、出入境便利等鼓励政策。加强与全球赛事龙头公司的联系，宣介中国投资机遇。梳理一批高频的体育赛事服务事项进行流程再优化，不断改进和完善"一网通办"功能，降低制度性交易成本。

3. 提升重点赛事国际传播力

传播力决定影响力，媒体的报道、转播以及网络的讨论和传播，已是决定赛事成效和社会影响的关键因素。[1] 要利用国际赛事契机，加强与其他国家和地区的体育文化交流，促进中西文明交流互鉴。以专业化、品牌化、国际化为方向，增强重点赛事的国际传播力，凸显上海特色，进一步提升上海建设全球著名体育城市的影响力。建立更加高效协同的传播矩阵，打造一批具有体育赛事传播经验的本土专业性媒体，培养和造就一批优秀的专业体育人才，更好聚拢公众注意力资源。加快推动体育赛事版权和转播权市场化，鼓励体育赛事机构开

---

[1] 张德胜、张钢花、李峰：《媒体体育的传播模式研究》，《体育科学》2016年第5期。

展赛事国际传播力测评。

（二）服务长三角更高质量一体化发展

举行国际重大赛事是展示高效能政府的一个信号机制，因为承办重大赛事需要政府有较强的综合管理和资源协调能力，也能展现区域间地方政府的协同合作能力，为国内国际高端资本的区域汇集、面对面交流合作提供"会客厅"。要充分发挥上海在长三角城市群中的辐射带动作用，强化重大体育赛事的区域联动效应，更好向外界提供区域共同大市场的"引资因子"。

1. 联合申办顶级综合性赛事

长三角联合申办奥运会契合国际奥委会"支持多城市联合申办奥运会"的改革方向，是"节俭办奥"理念的重要体现，也可以充分发挥长三角的经济和资源禀赋优势，共同分摊承办费用，解决历届奥运会由单一城市举办带来的巨额成本负担问题，提升长三角城市群国际影响力。

2. 精心打造区域赛事大 IP

目前长三角缺乏能够代表区域竞技水平、较强影响力的常态化区域赛事。要以突出城市和区域认同感为核心理念，打造若干促进区域协调联动、整合区域各类资源的长三角顶级赛事。优化体育赛事跨区域联动机制，加强赛事相关基础设施建设、关联产业发展、公共服务配套、城市品牌宣传、生态联防联治、医疗紧急救护、体育活动交流等。制定长三角品牌赛事认证标准，建立品牌赛事认证制度，通过优化体育赛事服务保障、整合体育赛事营销推广、专项资金补助等形式，扶持获得品牌认证的赛事发展。

参考文献

一、著作类

1. 中共中央宣传部编：《习近平文化思想学习纲要》，学习出版社、人民出版社 2024 年版。

2. 中共中央党史和文献研究院编：《习近平关于城市工作论述摘编》，中央文献出版社 2023 年版。

3. 权衡：《"百年未有之大变局"与中国式现代化》，格致出版社 2024 年版。

4. 上海市人民政府发展研究中心：《上海强化全球资源配置功能研究》，格致出版社 2021 年版。

5. 罗时铭：《奥运来到中国》，清华大学出版社 2005 年版。

6.《上海体育志》编纂委员会编：《上海体育志》，上海社会科学院出版社 1996 年版。

7.〔美〕刘易斯·芒福德：《城市发展史：起源、演变和前景》，宋俊岭、倪文彦译，中国建筑工业出版社 2005 年版。

8.〔法〕白吉尔：《上海史：走向现代之路》，王菊、赵念国译，上海社会科学院出版社 2014 年版。

二、期刊类

1. 沈建华、肖锋：《大型体育赛事对城市形象的塑造》,《沈阳体育学院学报》2004 年第 6 期。

2. 黄海燕、张林：《体育赛事的基本理论研究——论体育赛事的历史沿革、定义、分类及特征》,《武汉体育学院学报》2011 年第 2 期。

3. 肖轶楠：《大型体育赛事运动员住宿服务管理研究——以北京奥运村为例》,《北京体育大学学报》2011 年第 7 期。

4. 喻坚：《2008 年北京奥运会对当代中国政治、经济、文化的综合效应》,《山东体育学院学报》2002 年第 3 期。

5. 黄海燕、张林：《体育赛事经济影响的机理》,《上海体育学院学报》2009 年第 4 期。

6. 潘春阳、廖捷：《为资本而赛跑? ——城市马拉松赛事吸引 FDI 的实证研究》,《财经研究》2021 年第 2 期。

7. 陈琳：《大型体育赛事对举办地企业投资的影响分析》, 暨南大学硕士学位论文 2018 年。

8. 张钧苗：《浅析 2022 年亚运会对杭州经济文化的影响》,《辽宁体育科技》2017 年第 1 期。

9. 朱书琦：《大型体育赛事能否推动城市产业发展?》, 浙江工商大学硕士学位论文 2018 年。

10. 师博、任保平：《大型体育赛事助推城市高质量发展的效应研究——基于第 14 届全运会的分析》,《西安体育学院学报》2021 年第 2 期。

11. 吕立、宋明伟：《亚运会对广州城市发展的影响：基于城市居民的视角》,《成都体育学院学报》2014 年第 7 期。

12. 周晓丽、马小明:《国际体育赛事对举办城市旅游经济影响实证分析》,《经济问题探索》2017 年第 9 期。

13. 东芬、刘兆征:《奥运经济的负面影响及对策研究》,《经济问题》2008 年第 10 期。

14. 闫二涛、王鹏:《基于生态学的体育赛事价值增效路径研究》,《教育理论与实践》2017 年第 6 期。

15. 张婧:《奥运会非市场价值及评估研究》,上海体育学院博士学位论文 2023 年。

16. 纪宁:《体育赛事与城市品牌营销新时代》,《体育学刊》2008 年第 1 期。

17. 胡佳澍、黄海燕:《运动项目产业发展潜力的特征、来源及显化动力》,《体育学刊》2021 年第 6 期。

18. 李先雄、李艳翎:《国际化体育城市评价指标体系研究》,《武汉体育学院学报》2017 年第 7 期。

19. 刘畅、鲍海波:《大型虚拟体育赛事赋能城市品牌建设的机制与路径——基于整合营销传播视角》,《西安体育学院学报》2023 年第 4 期。

20. 王静:《重庆市大型体育赛事选择策略研究》,上海体育学院硕士学位论文 2014 年。

21. 姚颂平、刘志民、肖锋:《国际体育大赛与国际化大城市发展之关系》,《上海体育学院学报》2004 年第 5 期。

22. 史维:《政府在大型赛事遗产开发利用中的作用研究》,上海体育学院硕士学位论文 2013 年。

23. 王艳芳：《大型体育赛事对城市品牌的打造》，厦门大学硕士学位论文 2009 年。

24. 段绪来：《以城市品牌为导向的体育赛事治理研究》，北京体育大学博士学位论文 2016 年。

25. 王鑫：《长三角地区体育竞赛表演业核心竞争力提升研究》，苏州大学博士学位论文 2022 年。

26. 王煜：《体育赛事影响力的"上海标准"》，《新民周刊》2020 年第 20 期。

27. 米中伟、张盛：《新兴体育赛事助力上海全球著名体育城市建设的历程、经验及启示——以上海赛艇公开赛为例》，《成都体育学院学报》2024 年第 1 期。

28. 王兴乐：《体育与城市现代化的关系研究》，《科技信息》2010 年第 36 期。

29. 梁伟、徐成立、梁柱平：《以城市事件触媒的视角探析 2010 年亚运会对广州文化软实力的影响》，《体育学刊》2011 年第 1 期。

30. 罗玉婷、陈林华、徐晋妍：《大型体育赛事助力上海城市国际化历程、经验及启示》，《体育文化导刊》2019 年第 12 期。

31. 李鋆、李刚、黄海燕：《全球体育城市视域下上海体育赛事体系构建战略》，《上海体育学院学报》2020 年第 3 期。

32. 李刚、张林：《中国现代体育市场体系发展的历史溯源、现实审视与路径选择》，《体育科学》2020 年第 9 期。

33. 中共成都市委党校课题组、林德萍、王燕枝：《成渝地区双城经济圈背景下成都科技创新策源路径研究》，《成都行政学院学报》2022 年第 2 期。

34. 董传升:《大型体育赛事中科技价值传导的聚散模式研究》,《科技管理研究》2010 年第 19 期。

35. 刘鑫、顾雪芹:《外资提升双循环战略链接功能的新机制和新路径:以上海为例》,《社会科学》2022 年第 12 期。

36. 张德胜、张钢花、李峰:《媒体体育的传播模式研究》,《体育科学》2016 年第 5 期。

三、报纸类

1. 王辉:《赛事经济热力足溢出效应显威力》,《中国体育报》2024 年 4 月 24 日。

2. 李中文、窦皓:《绿色亚运让生活更美好》,《人民日报》2023 年 9 月 18 日。

四、网址类

1.《中共中央关于进一步全面深化改革　推进中国式现代化的决定》,载中国政府网,2024 年 7 月 21 日。

2.《国务院关于促进服务消费高质量发展的意见》,载中国政府网,2024 年 8 月 3 日。

3.《上海市第十二次党代会报告（全文）》,载上海市人民政府网,2022 年 6 月 30 日。

4.《上海市人民政府关于加快发展体育产业促进体育消费的实施意见》,载上海市人民政府网,2015 年 7 月 15 日。

5.《长三角地区体育一体化高质量发展的若干意见》，载浙江政务服务网，2020 年 10 月 23 日。

6.《长三角地区体育产业一体化发展规划（2021—2025 年）》，载上海市人民政府网，2021 年 12 月 27 日。

7.《关于促进消费带动转型升级的行动方案》，载国家发展和改革委员会网，2016 年 4 月 26 日。

8.《文化部"十三五"时期文化产业发展规划》，载文化和旅游部网，2017 年 4 月 20 日。

9.《"十四五"文化产业发展规划》，载文化和旅游部网，2021 年 5 月 6 日

10.《关于加快本市文化创意产业创新发展的若干意见》，载上海市人民政府网，2017 年 12 月 15 日。

11.《关于全面推进上海城市数字化转型的意见》，载上海市规划和自然资源局网，2021 年 1 月 8 日。

12.《上海市数字经济发展"十四五"规划》，载上海市人民政府网，2022 年 7 月 12 日。

13.《上海市社会主义国际文化大都市建设"十四五"规划》，载上海市人民政府网，2021 年 9 月 2 日。

14.《本市促进服务消费提质扩容的实施方案》，载上海市人民政府网，2024 年 3 月 8 日。

15.《国际奥委会全会通过〈奥林匹克 2020+5 议程〉》，载光明网，2021 年 3 月 13 日。

16.《2023 全球体育城市指数》发布，载新华网，2023 年 11 月 26 日。

17.《中共中央　国务院关于加快建设全国统一大市场的意见》，载中国政府网，2022 年 3 月 25 日。

18.《国务院办公厅关于促进全民健身和体育消费推动体育产业高质量发展的意见》，载中国政府网，2019 年 9 月 4 日。

五、外文类

1. P.R.Emery, "Bidding to host a major sports event: Strategic investment or completelottery", *Sport in the city*, Routledge, 2001.

2. Roche M., *Mega-events and Modernity: Olympics and expos in the growth of global culture*, Routledge, 2000.

3. Du Plessis S., Venter C., "The home team scores! A first assessment of the economic impact of World Cup 2010", *Working Papers*, No.21, 2010.

4. Baade R.A. and Matheson V.A., "Going for the gold: The economics of the Olympics", *Journal of Economic Perspectives*, Vol.30, No.2, 2016.

5. Malfas M., Theodoraki E. and Houlihan B., "Impacts of the Olympic Games as mega-events", *Municipal Engineer*, Vol.157, No.3, 2004.

6. S. Mourato, G.Atkinson, *Quantifying the "unquantifiable": Valuing the intangible Impacts of Hosting the Summer Olympic Games*, London, 2008.

7. Rivenburgh N. and Giffani A., "News Agencies, National

Images, and Global Media Events", *J&MC Quarterly*, Vol.77, No.1, 2000.

8. Walton Harry, Longo Alberto and Dawson Peter, "A Contingent Valuation of the 2012 London Olympic Games: A Regional Perspective", *Journal of Sports Economics*, Vol.9, No.3, 2008.

后　记

　　近年来，打造"赛事名城""世界赛事之都"成为我国众多城市在推动高质量发展进程中提出的建设目标。随着北京成为全球首座"双奥之城"，杭州和成都成功举办亚运会和大运会等大型体育赛事，体育助力城市发展和品牌营销的价值受到业界和学界的广泛关注。上海作为全国经济中心城市和改革开放前沿阵地，是世界观察中国的一个重要窗口。上海积极谋划和推进国际体育赛事之都建设的脚步从未停止，2015 年出台《关于加快发展体育产业促进体育消费的实施意见》，明确提出努力打造世界一流的国际体育赛事之都的目标。2020年印发的《上海全球著名体育城市建设纲要》提出要着力提升赛事品质、优化赛事格局、提高观赛体验、扩大赛事参与、放大赛事效应，充分释放体育赛事在提升城市形象、带动产业发展、点燃参与热情等方面的独特作用，加快建成世界一流的国际体育赛事之都。

　　2023 年 11 月，习近平总书记在上海考察时强调，上海要完整、准确、全面贯彻新发展理念，围绕推动高质量发展、构建新发展格局，加快建成具有世界影响力的社会主义现代化国际大都市，在推进中国式现代化中充分发挥龙头带动和示范引领作用。大型体育赛事在助力上海建设社会主义现代化国际大都市过程中应该发挥怎样的作用？对标全球著名体育城市和成功举办过大型体育赛事的国内著名城市，上海还存在哪些短板弱项？如何结合上海的资源禀赋和城市特质，更好地发挥体育赛事助力"强化四大功能""建设五个中心"的重要功能，进一步提高城市核心竞争力和国际影响力？这些都是本书作者长期关注和思考的问题。

　　上海体育大学是新中国第一所体育高等学府，也是唯一一所连续两轮入选国家"双一流"建设序列的地方高等体育院校。学校在七十余年的办学历程中坚持服务上海经济社会发展，积极推动学术创新有效对接城市发展需求。2021年，学校建设的体育科学创新研究院成为上海市重点培育智库，2023年入选上海市重点智库。本书能有幸得到资助出版，受益于上海市哲学社会科学规划办公室和各方对学校智库建设和决策咨询研究的大力支持。上海市体育局与学校连续多年联合发布上海市体育赛事影响力评估报告，使相关研究团队在该领域得到了持续的积累。

　　本书是团队合作的成果，凝聚了众人的心血。上海体育大学副教授孙笑非、路珏、胡佳樹分别承担了第四至第六章的撰写任务。本人指导的博士研究生黄敬意、米中伟分别参与了本书第二章和第三章的撰写。浙大城市学院郭晴教授、广州体育学院曾文莉教授和上海体育大学郑智巍研究员梳理的杭州亚运会、成都大运会和北京冬奥会案例为本书提供了有力支撑。上海人民出版社进行了专业和严谨的编校。在此，对所有参与者表示衷心感谢！

　　由于水平有限，我们的研究还存在不少浅陋之处。与国内以赛营城的生动实践相对照，研究在深度和广度上尚显不足。研究团队将立足现有基础，密切追踪大型体育赛事的创新实践，以更加开阔的视野为上海加快建成世界一流的国际体育赛事之都提出更具前瞻性和操作性的对策建议。

作　者

2025年4月

图书在版编目（CIP）数据

以赛营城 ： 大型体育赛事的综合效应 / 张盛等著.
上海 ： 上海人民出版社，2025. -- ISBN 978-7-208
-19296-6

Ⅰ. G812.251；F299.275.1

中国国家版本馆 CIP 数据核字第 20240HB397 号

责任编辑　吕桂萍
封面设计　汪　昊

以赛营城：大型体育赛事的综合效应
张　盛 等著

出　　版　上海人民出版社
　　　　　（201101　上海市闵行区号景路 159 弄 C 座）
发　　行　上海人民出版社发行中心
印　　刷　上海中华印刷有限公司
开　　本　787×1092　1/16
印　　张　12.5
插　　页　3
字　　数　144,000
版　　次　2025 年 6 月第 1 版
印　　次　2025 年 6 月第 1 次印刷
ISBN 978 - 7 - 208 - 19296 - 6/G · 2204
定　　价　58.00 元